A ARTE DE CONQUISTAR O SIM

ROBERT B. CIALDINI, NOAH GOLDSTEIN & STEVE MARTIN

A ARTE DE CONQUISTAR O SIM

COMO PERSUADIR AS PESSOAS, MELHORAR
SEUS RELACIONAMENTOS E AUMENTAR SUA CONFIANÇA

SEXTANTE

Título original: *The Little Book of Yes*
Copyright © 2018 por Noah J. Goldstein,
Steve J. Martin, Robert B. Cialdini
Copyright da tradução © 2021 por GMT Editores Ltda.

Todos os direitos reservados. Nenhuma parte deste livro pode ser utilizada ou reproduzida sob quaisquer meios existentes sem autorização por escrito dos editores.

tradução: Mayumi Aibe
preparo de originais: Rayana Faria
revisão: Melissa Lopes Leite e Tereza da Rocha
projeto gráfico, diagramação e capa: Natali Nabekura
impressão e acabamento: Cromosete Gráfica e Editora Ltda.

CIP-BRASIL. CATALOGAÇÃO NA PUBLICAÇÃO
SINDICATO NACIONAL DOS EDITORES DE LIVROS, RJ

C492a

Cialdini, Robert B., 1945-
A arte de conquistar o sim / Robert B. Cialdini, Noah Goldstein, Steve Martin ; [tradução Mayumi Aibe]. - 1. ed. - Rio de Janeiro : Sextante, 2021.
128 p. ; 18 cm.

Tradução de : The little book of yes
ISBN 978-85-431-1009-7

1. Persuasão (Psicologia). 2. Influência (Psicologia). 3. Sucesso. I. Goldstein, Noah. II. Martin, Steve. III. Aibe, Mayumi. IV. Título.

20-67925	CDD: 153.852
	CDU: 159.942:316.475

Camila Donis Hartmann - Bibliotecária - CRB-7/6472

Todos os direitos reservados, no Brasil, por
GMT Editores Ltda.
Rua Voluntários da Pátria, 45 – Gr. 1.404 – Botafogo
22270-000 – Rio de Janeiro – RJ
Tel.: (21) 2538-4100 – Fax: (21) 2286-9244
E-mail: atendimento@sextante.com.br
www.sextante.com.br

SUMÁRIO

   Prefácio 6
1. Doar 10
2. Trocar 15
3. Presentear 21
4. Cooperar 26
5. Pausar 32
6. Ceder 37
7. Saber 42
8. Admitir 47
9. Pedir 52
10. Conversar 58
11. Humanizar 64
12. Gostar 69
13. Elogiar 75
14. Rotular 80
15. Justificar 86
16. Comprometer-se 92
17. Implementar 98
18. Comparar 104
19. Seguir 110
20. Perder 116
21. Encerrar 120
    A ciência da persuasão 125

PREFÁCIO

John Lennon costumava contar que se apaixonou por Yoko Ono quando viu uma exibição dela na Indica Art Gallery, em Londres, em novembro de 1966. Havia uma instalação que se destacava como nenhuma outra. Nela, o visitante era convidado a subir uma escada bamba e mal iluminada. Ao chegar ao topo, ele deveria espiar um pedacinho do teto por uma luneta: tudo para enxergar uma única palavra, em letras quase ilegíveis.

Embora a palavra fosse pequena e simples, Lennon ficou tão impressionado que começou a nutrir sentimentos pela mulher responsável por aquela criação. O artista acreditava no poder de cura daquela palavra, ainda mais num mundo tão instável e perigoso.

Para surpresa geral, não era "amor" a palavra escrita no teto. Era algo que tanto gera amor quanto flui dele e que, pode-se dizer, é bem mais fácil de encontrar nas diversas interações sociais que travamos diariamente.

A palavra era "SIM".

Todos sabemos do enorme impacto que um "sim" pode causar. O "sim" possibilita que os relacionamentos floresçam. É um incentivo para aprendermos e explorarmos. Pode significar um sinal verde para nossos projetos ou a confirmação de uma oportunidade. O "sim" nos dá permissão. Acima de tudo, atende uma das motivações mais básicas do ser humano: a necessidade de se conectar com os outros.

É claro que também estamos familiarizados com a frustração causada por ouvir um "não". Não devemos nos enganar com a simplicidade da palavra "sim" e achar que os outros vão dizê-la facilmente a nós. Antes, precisamos conhecer certos aspectos do processo de persuasão.

A arte de conquistar o sim contém 21 capítulos curtos, de leitura rápida, que descrevem uma série de estratégias eficazes de persuasão. Todas elas comprovadamente aumentam as chances de uma pessoa – um colega, um parceiro, um gestor, um amigo ou até um desconhecido – aceitar seu pedido e lhe dizer "sim".

As lições deste livro podem ser usadas para lidar com os mais diferentes desafios de persuasão do seu cotidiano: desde recuperar um relacionamento abalado até pedir um aumento salarial; desde convencer alguém no Twitter a entender o seu ponto de vista até pedir ajuda a um vizinho ou parente; desde conseguir levar um amigo indeciso a tomar uma atitude até construir a sua rede de contatos.

A arte da persuasão não é mágica. Por mais que algumas pessoas pareçam ter uma capacidade inata de influenciar outras, isso não significa que o resto de nós deva se resignar a nunca ter ideias e pedidos aceitos. Diversos pesquisadores vêm analisando há décadas quais são as estratégias de influência mais eficazes. Como cientistas reconhecidos no mundo inteiro por nossa atuação nessa área, apresentamos aqui apenas os princípios que tiveram comprovação científica, mostrando como empregá-los de modo ético e efetivo.

No Capítulo 13, "Elogiar", por exemplo, descrevemos as melhores técnicas para lidar com um colega de trabalho problemático. E no Capítulo 18, "Comparar", sugerimos maneiras ideais de negociar com eficácia. Cada um dos capítulos traz uma explicação clara de como aplicar os princípios da persuasão em uma variedade de situações e, assim, fazer mais amigos, convencer os indecisos, melhorar a autoconfiança e mudar a maneira como as pessoas o enxergam.

Você pode preferir ler o livro aos poucos, indo direto aos capítulos que mais chamam sua atenção, ou fazer uma leitura tradicional, do início ao fim. De um jeito ou de outro, temos certeza de que, com todo o aprendizado adquirido, você vai ouvir "sim" com muito mais frequência na sua vida pessoal e profissional.

Agora, antes de começar, gostaríamos de fazer um alerta. Quando uma pessoa diz "sim" a você uma vez, isso não significa necessariamente que vá dizer de novo no futuro. Qualquer um que se sinta enganado, coagido ou manipulado estará mais propenso a dizer "não" nas interações seguintes. Portanto, para persuadir com sucesso e de forma duradoura, é necessário adotar estas ideias e técnicas com responsabilidade. Saber como conquistar o "sim" é uma ferramenta poderosa – e este livro é só o começo.

1
DOAR

*Dar antes de receber é o primeiro passo
para conseguir o que se quer*

Diversas pesquisas já provaram a importância da generosidade. Quando oferecemos presentes, favores, informações ou ajuda, é comum nos tornarmos mais queridos, nos sentirmos mais valorizados e, de acordo com estudos sobre evolução, até melhorarmos a saúde física e a sensação de bem-estar.

O ato de doar é essencial para a condição humana e, quando se trata de persuasão, é especialmente relevante por uma simples razão: em geral, quem recebe ajuda e apoio fica mais inclinado a retribuir o favor caso surja uma oportunidade. É um conceito que vem da *norma da reciprocidade*, segundo a qual as pessoas se dispõem a agir da mesma forma que foram tratadas.

Todas as sociedades humanas transmitem essa regra social poderosa aos mais jovens. É quase certo que seus pais lhe tenham ensinado: "trate os outros como você gostaria de ser tratado." E, sem dúvida, eles foram instruídos assim pelos seus avós. A razão disso é simples, porém profunda. A regra da reciprocidade costuma ser vantajosa para todos por incentivar a troca de recurso. O resultado disso é maior cooperação, ganho em eficiência e relacionamentos mais duradouros e mutuamente benéficos.

Pense bem. O vizinho que o convida para a festa dele sabe que isso aumenta a própria chance de ser chamado para uma festinha sua, e também a chance de vocês estabelecerem uma amizade longa e valiosa. Talvez alguém concorde em colaborar no projeto de um colega de trabalho (seja dando conselhos ou fornecendo recursos e informações cruciais) porque espera obter a mesma ajuda quando precisar. Talvez essa ideia pareça muito interesseira, como se as pessoas só oferecessem ajuda pensando em si mesmas. Isso pode até ser verdade em alguns casos, mas não tem tanta importância. Doe abertamente, de modo espontâneo, e o princípio da reciprocidade vai funcionar por si só.

Note que é o ato de oferecer ajuda, presentes e recursos *primeiro* que ativa o princípio da reciprocidade. Ser proativo quando se trata de doar faz os outros se sentirem socialmente obrigados a retribuir. Portanto, é mais provável que os outros colaborem com as pessoas a quem passaram a dever um favor. Geralmente são as obrigações sociais que sentimos ter em relação aos demais, não tanto uma decisão consciente da nossa parte, que alimentam a disposição de dizer "sim".

Os especialistas em marketing sabem que nem todo mundo é convencido a pagar por um novo aplicativo só porque recebeu uma amostra grátis ou acesso a um período de teste. No entanto, a ação atrai consumidores em número suficiente para compensar a empresa em relação ao custo do "presente" oferecido. Instituições de caridade já perceberam que enviar um presente junto a um pedido de doação – por exemplo, um kit de cartões – pode persuadir mais pessoas a contribuírem com a causa. As doações para a organização dos Americanos Veteranos com Deficiência quase dobraram após a inclusão de folhas com etiquetas de endereço personalizadas nas cartas para solicitar auxílio financeiro.

Isso não quer dizer que doar algo necessariamente vá garantir o retorno do seu investimento, sobretudo se a oferta inicial tiver toda a cara de ser uma armação. Se um desconhecido abordá-lo na rua lhe oferecendo dinheiro, dificilmente você vai aceitar. O mais provável é que considere estar sendo vítima de um golpe – afinal, é quase certo que seja isso mesmo.

Porém, quando a doação é feita de maneira atenciosa e com um toque personalizado, não resta qualquer dúvida sobre os benefícios de ser generoso. Num mundo cada vez mais impessoal e sobrecarregado de informações, até mesmo níveis relativamente baixos de personalização podem fazer diferença.

O psicólogo Randy Garner descobriu que era capaz de dobrar o número de pessoas dispostas a responder aos questionários dele se enviasse junto ao pedido uma curta mensagem escrita à mão com o nome do destinatário. Existe um motivo para você não deixar de abrir uma carta quando o remetente se deu o trabalho de escrever manualmente seu nome e endereço. Em meio à avalanche de correspondências não solicitadas que disputam sua atenção (e, no caso das contas, seu dinheiro), a carta redigida à mão se destaca porque alguém dedicou tempo e trabalho a personalizá-la. Portanto, isso pode encorajá-lo a também dedicar seu tempo a responder.

Quando se trata de convencer as pessoas usando a norma da reciprocidade, há uma conclusão muito clara: quem oferece ajuda, assistência e apoio primeiro e o faz de maneira aparentemente incondicional e personalizada costuma se tornar a pessoa mais persuasiva no trabalho, entre seus amigos e em sua rede de contatos.

Não tenha dúvida: os influenciadores mais eficazes normalmente não são aquelas pessoas que perguntam "Quem pode me ajudar?". É bem mais provável que sejam as que perguntam primeiro "Quem eu posso ajudar?".

SOBRE DOAR

*Pense em alguém que você quer persuadir
ou de quem quer alguma coisa.
O que você poderia fazer ou oferecer para
ajudar essa pessoa primeiro?*

*Busque maneiras de personalizar o seu pedido:
você poderia escrever um bilhete à mão
ou ligar para a pessoa em vez de usar e-mail
ou mensagem de texto?*

*Adquira o hábito de perguntar "Quem eu posso
ajudar?" em vez de "Quem pode me ajudar?".*

2
TROCAR

*Quando se cria uma cultura de troca,
todos saem ganhando – inclusive você*

Já percebeu que, quando alguém lhe dá a vez no trânsito, é grande a chance de você fazer o mesmo por outro motorista pouco depois? Não é sempre, claro. E o intervalo entre as ações também faz toda a diferença. Quanto mais tempo se passa entre você receber a gentileza e ter a oportunidade de imitar o gesto, melhor a probabilidade de imitá-lo.

De qualquer jeito, isso ocorre com tanta frequência que já é uma regra social estabelecida. Em certo sentido, não é o mesmo que a norma da reciprocidade, mas algo similar. O colega de trabalho que investe um tempo a mais e recursos adicionais em ajudá-lo num projeto o faz com alguma expectativa de que você retorne o favor em outra situação. Da mesma forma, o vizinho que toma conta da sua casa enquanto você viaja tem motivo para esperar essa atitude da sua parte quando for passar uns dias fora.

Porém, quando um motorista lhe dá a vez para você passar com o carro, é difícil retribuir a gentileza, já que agora ele ficou para trás. Mas isso não quer dizer que o gesto passe despercebido. Além de articular um "obrigado" quando seus olhares se cruzam, ou fazer um sinal de agradecimento com os faróis ou a buzina, você também fica mais propenso a repetir o gesto para com outro motorista. Se não temos a oportunidade de retribuir à mesma pessoa, nós *repassamos* a boa ação a outra. Esse conceito vai muito além das trocas de gentileza no trânsito e traz benefícios a todos: nos ajuda a construir relacionamentos e estratégias de persuasão bem-sucedidas.

Vamos tomar como exemplo um estudo que analisou o número de favores que funcionários de uma grande empresa de telecomunicações trocavam entre si. Os pesquisadores também registraram as mudanças no status social dos funcionários conforme a ajuda prestada aos colegas. Não é nenhuma surpresa que os mais generosos em dedicar o próprio tempo a ajudar os outros geravam mais gratidão e simpatia nos colegas. No entanto, muitas vezes acabavam sendo bem menos produtivos no trabalho que os demais. A disposição de ajudar os colegas tinha um preço: menos tempo para cumprir as próprias metas.

Felizmente, os pesquisadores conseguiram identificar uma abordagem adotada por um grupo específico de funcionários que eram capazes de oferecer apoio aos colegas e alavancar o status social sem qualquer efeito negativo no próprio desempenho. Seria algum poder secreto? Nada disso.

A única diferença era que eles indicavam que a ajuda oferecida fazia parte de um processo natural de troca. Eram pessoas do tipo que ouve um agradecimento e diz "É que todo mundo se ajuda muito por aqui" ou "Com certeza você faria o mesmo no meu lugar". Não tinham o hábito de dizer coisas como "Sem problema", "A seu dispor", "Não foi nada de mais".

E, com toda a certeza, eles jamais responderam a um agradecimento dizendo algo como "Então agora você me deve uma!".

De acordo com os pesquisadores, esses profissionais *combinavam uma troca* e, durante esse processo, criavam uma rede voluntária de colegas propensos a aceitar a proposta. Troca é o processo de dar e receber de modo a beneficiar todos. Assim, parcerias são fortalecidas, comunidades se tornam mais unidas e é criada uma cultura saudável de confiança.

Agir como um catalisador de trocas não é algo que deva se limitar ao ambiente de trabalho. Sociólogos examinaram os padrões mais eficazes de troca entre parentes e amigos. Em praticamente todos os casos, os círculos mais saudáveis e felizes eram aqueles em que a troca entre os indivíduos ocorria de maneira proporcional.

Nas situações em que a ajuda e o apoio vêm de apenas uma ou duas pessoas, os níveis de insatisfação, infelicidade e desconfiança podem virar o padrão em pouco tempo. Isso ocorre por diversos motivos. Em alguns casos, o provedor simplesmente não aceita receber ajuda. Em outros, ele a aceitaria de bom grado, mas não se sente capaz de pedir. Quanto à pessoa beneficiada, talvez ela pense que não consegue retribuir à altura. Por fim, há quem apenas explore a generosidade alheia – trata-se apenas de um aproveitador.

A melhor maneira de combinar uma troca vai depender das circunstâncias. Se você tiver uma meta profissional que demande a colaboração dos seus colegas, talvez seja uma boa ideia indicar os antigos favores que foram prestados por você num contexto de reciprocidade. Desde que você tenha sido sincero ao oferecer auxílio e não tenha agido apenas visando à retribuição, bastará dizer amigavelmente algo como "Sua ajuda será muito bem-vinda".

Se tiver uma meta mais geral, sem prazo definido, que exija cooperação ou informações, talvez deva sugerir à pessoa grata pela sua ajuda que repasse o favor a outra. Pergunte se você pode passar o contato dela para alguém ou indique um colega ou amigo que esteja precisando de alguma coisa. É possível que ela consiga oferecer uma dica ou sugestão útil a um colega de outro departamento ou um amigo em comum.

E o que fazer com os aproveitadores, aquelas pessoas dispostas a se aproveitar da boa vontade dos outros sem nem sequer pensar na via de mão dupla que define a troca? Nesse caso a sugestão é: em vez de pedir ajuda, peça conselhos – dessa maneira, concedemos a elas uma espécie de prestígio. Isso faz com que se sintam importantes e pode contribuir para uma mudança positiva de mentalidade. Nunca há garantias quando se trata de persuadir, mas a maioria das pessoas dá uma resposta favorável quando se trata de conselhos.

Incentivar a retribuição e o repasse de favores pode ser a diferença entre avançar rumo às suas metas e ficar preso nos engarrafamentos da vida, que conhecemos tão bem.

SOBRE TROCAR

Se acha que as pessoas costumam se aproveitar de você, talvez esteja dizendo coisas como "Fico feliz em ajudar" com mais frequência do que deveria. O que poderia responder em vez disso?

Preste muita atenção quando alguém lhe disser "Obrigado". Mantenha um diário para avaliar se há equilíbrio entre dar e receber na sua vida.

*Busque maneiras de repassar favores.
Se um colega agradecer sua ajuda, pergunte se
ele poderia retribuir ajudando alguém
da sua equipe ou da sua rede de contatos.*

3
PRESENTEAR

Se o que realmente vale é a intenção, então pergunte às pessoas o que elas querem e peça o que você quer

Imagine que você entrevista um grupo de pessoas e pergunta se elas são boas em comprar o presente perfeito para, digamos, um amigo que está fazendo aniversário ou um colega que está para se aposentar. Que tipo de respostas você acha que receberia? Se forem parecidas com as que os psicólogos Francesca Gino e Frank Flynn registraram, então provavelmente a maioria vai afirmar que sabe escolher presentes muito bem.

No entanto, se você perguntasse em seguida a esse mesmo grupo se os amigos, parentes e colegas de cada um acertam nos presentes, aí provavelmente ouviria uma enxurrada de casos horrorosos: de suéteres duvidosos tricotados à mão a bibelôs cafonas, além de todo tipo de itens que viram piada sem querer, como um peixe eletrônico que canta. Talvez possamos concluir que as pessoas não são tão boas assim como pensam em presentear outras, senão não haveria tantos posts no Pinterest e no Facebook mostrando presentes às vezes engraçados, mas sobretudo perturbadores. (Use a hashtag #BadGifts, "presentes ruins", para encontrar milhares de exemplos.)

Considerando que a troca de presentes é essencial na norma da reciprocidade, por que as pessoas envolvidas nesse processo não se entendem quanto à qualidade, a utilidade e o valor deles?

Em uma pesquisa, cientistas entrevistaram casais a respeito de presentes de casamento. Alguns tinham que se lembrar dos que compraram com base em uma lista, e outros, dos que haviam escolhido sem considerar a lista. Na segunda rodada, os pesquisadores perguntaram sobre os presentes que os casais tinham ganhado em seu casamento. Eles falaram primeiro sobre os presentes que estavam na lista e, depois, sobre os que não constavam dela.

Os presentes dados não variavam muito em valor, e os casais supunham que tinham acertado na escolha, independentemente de terem se baseado na lista ou não. No entanto, quando comentaram sobre os presentes recebidos, todos se disseram muito mais satisfeitos com os que ganharam da lista de casamento.

De certo modo, isso está dentro do esperado. Os que estão prestes a se casar provavelmente ficarão mais agradecidos se o convidado levar em consideração a lista predefinida do que eles precisam para a casa nova

– itens que lhes farão falta ou que não desejam ganhar em dobro. Afinal, quem precisa de três tábuas de queijo? Ou de dois peixes cantores?

Mas o que acontece em outro contexto de troca de presentes? E se for um presente de aniversário? Quando os pesquisadores conduziram estudos complementares para encontrar a resposta, observaram exatamente o mesmo padrão. Quem presenteia acha que não faz diferença se quem ganha pediu ou não aquele presente. Só que, na verdade, as pessoas se mostram muito mais felizes e gratas quando ganham algo que já tinham dito que queriam.

Diante dessas descobertas, seria então muito simples acertar em cheio no presente: bastaria pedir a amigos e familiares que fizessem uma lista do que gostariam de ganhar e escolher uma das opções. Certo?

Isso mesmo!

Mas essa alternativa levanta uma questão. A necessidade de consultar um amigo para saber o que ele gostaria de ganhar não seria um sinal de que você não o conhece o suficiente para escolher o presente ideal? Ou, pior ainda, não o faria pensar que você não quer se esforçar nem perder tempo e energia escolhendo por conta própria?

Acontece que essas preocupações são infundadas, como foi falado, as pessoas ficam mais agradecidas quando ganham algo que realmente desejam. E o nível de gratidão que sentem é importante. Além de ser um dos principais fatores determinantes da motivação delas para retribuir o gesto, também ajuda a deixá-las felizes. Portanto, todo mundo sai ganhando se, na hora de escolher um presente, você descobre o que a pessoa quer e compra exatamente isso. De um lado, quem foi presenteado agradece, feliz. Do outro, quem presenteou suspira, aliviado e contente.

Na vida, acabamos aprendendo que normalmente se recebe de acordo com o que se paga. Sendo assim, o preço de um presente faz diferença? A resposta é sim, faz, mas talvez não pelo motivo que você está imaginando. Nem sempre um presente caro agrada. Em algumas situações, menos pode parecer ser muito mais.

Em um estudo, os participantes foram presenteados com duas peças: um casaco de lã relativamente barato (de 55 libras) e um cachecol relativamente caro (de 45 libras). Para os entrevistados, quem deu o cachecol foi avaliado como uma pessoa bem mais generosa, embora esse fosse o presente mais barato. Isso nos dá uma ótima dica na hora de comprar qualquer presente. Se você quer ser conhecido entre os amigos e familiares como alguém que tem consideração e sabe dar os melhores presentes (e, sem que ninguém saiba, continuar sendo econômico), sugerimos que compre a opção mais cara de um produto barato (como o cachecol de 45 libras), e não a opção mais barata de um produto caro. Isso traz muitas vantagens. A pessoa que receber o seu presente vai se sentir mais valorizada. Você será visto como alguém mais generoso. E, talvez o mais importante, não vai correr o risco de ser chamado de pão-duro!

SOBRE PRESENTEAR

Não há problema algum em perguntar às pessoas o que elas querem ganhar. Todo mundo vai ficar mais satisfeito, inclusive você.

Isso significa que também não há problema algum em dizer aos outros o que você quer ganhar de presente.

Da próxima vez que for presentear alguém – seja pagando um jantar ou comprando uma lembrancinha de aniversário –, lembre-se de que o valor é relativo. Vale mais a pena escolher com base na qualidade, não no preço.

4
COOPERAR

*Pensar em "nós" em vez de "eu contra você"
traz as pessoas para o seu lado de mais
formas do que você pode imaginar*

Em dezembro de 1914, a Europa travava a guerra mais sangrenta de sua história. Ao longo da Frente Ocidental, os exércitos inimigos ficavam bem próximos; em muitos locais, conseguiam escutar uns aos outros. Conforme semanas e meses se passavam, os soldados iam se habituando à presença das tropas inimigas.

Aos poucos, a cooperação entre os dois lados passou a prevalecer. Isso começou com o cessar-fogo à noite para que as tropas buscassem os corpos dos compatriotas mortos no campo de batalha.

Esses atos possibilitaram que mais tarde acontecesse a famosa Trégua de Natal da Primeira Guerra Mundial. Conta-se que, no Natal de 1914, as tropas em cada lado das linhas inimigas declararam cessar-fogo espontaneamente, o que durou algumas horas. Nesse período, os soldados saíram das trincheiras e deixaram a rivalidade de lado para jogar uma partida de futebol.

O fato de pessoas reunirem forças em prol de objetivos em comum, ainda mais se tratando de inimigos, pode parecer incoerente com o que muitos imaginam ser a mentalidade prevalente do "cada um por si". Faz todo o sentido que a Trégua de Natal tenha se tornado um dos episódios mais célebres de uma guerra. Num mundo em que conflito e colaboração parecem diametralmente opostos, essa história inspiradora mostra que até mesmo adversários ferrenhos podem suspender temporariamente o embate e estabelecer rituais de cooperação.

Isso não é fácil, pois tendemos a nos ver como entes separados uns dos outros. Em geral, raciocinamos em termos de "eu" e "você" ou "eles" e "nós", presos a um pensamento que nos divide em clãs e dita que devemos agir pensando em nós mesmos. Porém, a cooperação é fundamental para a persuasão. Se nos concentramos no que nos une em vez de no que nos separa, fica muito mais natural cooperar e, cedo ou tarde, persuadir. Pense mais em "nós" em vez de "eu contra você".

Foi o que aconteceu na Trégua de Natal. Em comum, os inimigos tinham a experiência como soldados e a paixão pelo futebol, o que possibilitou a cooperação entre eles, pelo menos durante aquelas horas. Aliás, encontrar coisas em que cooperar e ressaltar interesses compartilhados é uma prática poderosa até hoje.

Num projeto de pesquisa interessantíssimo, o

psicólogo britânico Mark Levine pediu a grupos de torcedores fervorosos do Manchester United que preenchessem um questionário sobre os motivos para gostarem do time. Em seguida, solicitou que fossem a outro prédio, onde realizariam a segunda etapa do estudo. No caminho até lá, eles testemunhavam uma pessoa (que fazia parte da pesquisa) tropeçar e, aparentemente, se machucar. Ela estava vestida ora com uma camiseta branca, ora com a camiseta do Manchester United, ora com a de um time rival.

Observadores foram estrategicamente posicionados, com pranchetas a postos, para contar quantos torcedores parariam para prestar socorro. Pouco mais de um terço ajudou quando a pessoa acidentada estava de camiseta branca. Já a camiseta do Manchester United persuadiu a grande maioria a cooperar. Não é difícil adivinhar que o mais raro foi ajudarem quem estava vestindo a camiseta do outro time – uma evidência forte da nossa tendência a ajudar principalmente aqueles que consideramos parte do nosso grupo.

Felizmente, os resultados também mostraram que, em geral, as pessoas não têm uma mentalidade tão excludente e podem ser convencidas a cooperar com quem à primeira vista consideraram um inimigo. Em uma fase posterior do estudo, os torcedores do Manchester United respondiam primeiro por que gostavam de futebol, não especificamente do time. Isso dobrava a disposição deles de socorrer, pouco depois, a pessoa vestida com a camiseta do clube rival.

Na Trégua de Natal da Primeira Guerra Mundial, é provável que, após meses de ataques, muitas das tropas tivessem passado a enxergar os homens atrás das trincheiras inimigas como seus semelhantes, parte de uma identidade mais ampla que abrangia todos os soldados exaustos. Isso tirou o foco da oposição entre nacionalidades.

Embora os tipos de desafio de persuasão que você encara no dia a dia não se comparem a algo dessa natureza, as regras básicas do engajamento não mudam. Direcione o foco para a identidade que compartilha com outros indivíduos e para os objetivos em comum que os unem, e não para aquilo que os separa. Busque primeiro um ponto com o qual ambas as partes concordem e faça dele o cerne da discussão. Pode parecer uma solução óbvia, mas é comum se esquecer dela no calor do momento.

Outra maneira eficaz de construir relações de cooperação é tomar a iniciativa de convidar as pessoas a colaborar em seus projetos. Digamos que você tenha uma excelente ideia no trabalho. Em vez de executá-la sozinho para ficar com todo o reconhecimento, elabore um esboço do seu plano e peça a opinião de um colega ou até mesmo do seu chefe. Ao criar a oportunidade de incluir essas pessoas na sua ideia, você também abre a possibilidade de elas colaborarem com seu projeto e, o que é mais importante, se sentirem parte dele. Essa estratégia é apelidada de efeito IKEA, porque damos mais valor às coisas que ajudamos a construir – um pouco como aquela estante meio bamba que você e o pessoal da sua casa compraram na loja e montaram sozinhos.

SOBRE COOPERAR

Da próxima vez que quiser apresentar um projeto ou uma proposta, peça a opinião de um colega ou do seu chefe. Obter esse feedback cria uma convergência de ideias e é um passo fundamental para persuadir com sucesso.

Ao lidar com colegas ou vizinhos menos amistosos, tente descobrir primeiro o que vocês têm em comum e ressalte isso antes de tentar persuadi-los.

Antes de conhecer alguém pessoalmente, faça uma busca rápida no LinkedIn ou no Facebook e pesquise os interesses que compartilham e as experiências que têm em comum.

Confira no Capítulo 2, "Trocar", a utilidade de pedir conselhos, que favoreçam um clima de parceria, trabalho em equipe e, por fim, cooperação.

5
PAUSAR

As emoções afetam todas as nossas interações, portanto verifique se está bem antes de tentar influenciar os outros

Todos nos lembramos de alguma ocasião em que o estado emocional influenciou de maneira negativa nossas ações e escolhas, talvez a ponto de acabarmos tomando decisões que pareciam acertadas no momento, mas pelas quais pagamos um preço bem alto a longo prazo.

É importante entender o papel essencial das emoções no processo de persuasão. Existem muitas pesquisas que analisam a influência delas na tomada de decisões, especialmente quando se trata de compras e negociações. Por exemplo, a sensação de tristeza tem impacto relevante na disposição das pessoas envolvidas numa transação comercial: em geral, consumidores tristes estão dispostos a pagar um preço mais alto por um produto do que consumidores neutros, ao passo que vendedores tristes baixam mais o preço do que vendedores neutros.

Os participantes de um estudo assistiram a um de dois filmes: o primeiro tinha uma carga emocional pesada, que induzia a tristeza, e o outro não despertava muitas emoções ao falar sobre... peixes. Em seguida, foram divididos em dois grupos. O primeiro teve que informar qual valor estaria disposto a pagar por uma série de produtos variados. O outro teve que dizer por qual preço venderia os mesmos itens. Os consumidores tristes se dispuseram a pagar 30% *a mais* do que os emocionalmente neutros. E os vendedores tristes aceitaram negociar por cerca de um terço *a menos* do que seus pares emocionalmente neutros. Essas decisões pareciam ter sido tomadas de maneira inconsciente. Ninguém percebeu que ainda estava afetado de forma tão profunda pela tristeza.

É bom lembrar que a tristeza não é a única emoção capaz de afetar sua capacidade de persuadir. Todas as emoções têm esse poder. Pense numa ocasião em que você ficou animado com uma oportunidade. Em situações assim, a tendência é se concentrar mais no lado positivo e não identificar os riscos a serem enfrentados. Por outro lado, se você está ansioso, talvez só se concentre no que pode dar errado e acabe desprezando uma boa proposta. Quando as condições são as mesmas para todos, quem não está emocionalmente abalado tende a tomar as melhores decisões.

Portanto, é importantíssimo identificar seu estado

emocional antes de fazer escolhas importantes, iniciar uma negociação crucial ou mesmo responder a um e-mail antipático. Suas emoções estarão em ação, esteja você negociando os termos do contrato com a operadora de celular, comprando uma casa ou fazendo uma entrevista de emprego. Se seus sentimentos estiverem muito intensos, por mais que acredite que sua capacidade de tomar decisões está intacta, você deveria considerar a possibilidade de interagir com as pessoas em outra hora. Pode ser difícil fazer isto, mas uma pequena pausa para se recompor ajudaria bastante. Conforme a poeira for baixando, você poderá pensar com mais clareza e argumentar de maneira mais convincente.

No trabalho, se você é o tipo de pessoa que marca uma reunião após outra, sem se dar tempo para respirar, talvez esteja fazendo um desserviço a si mesmo. Nosso conselho é que programe um curto intervalo entre um compromisso e outro. Desse jeito, você evita que os sentimentos provocados por uma reunião transbordem para a seguinte. A necessidade de uma pausa é ainda maior quando o segundo encontro envolve decisões ou negociações importantes.

Isso também se aplica aos relacionamentos com amigos e familiares. Começar uma discussão num estado emocional de frustração, ansiedade ou raiva, ou que seja improdutivo de alguma forma, pode transformar, de uma hora para outra, uma simples troca de opiniões numa briga na qual a persuasão e a influência se tornam impossíveis.

Outro cuidado a ser tomado é com o humor de quem você quer influenciar. Tentar persuadir alguém que acabou de receber uma má notícia ou, pior ainda, lembrar a pessoa de um assunto que você sabe que vai entristecê-la é desaconselhável e, dependendo do caso, até moralmente errado. Se você usar as emoções negativas das pessoas para forçá-las a tomar decisões, na maior parte das vezes vai gerar arrependimento e ressentimento, o que não favorece muito um relacionamento duradouro. Aliás, ao propor adiar uma negociação com uma pessoa que acabou de passar por uma experiência ruim, você estará fortalecendo sua relação com ela. Vai soar não só mais sensato como também mais atencioso e nobre da sua parte – características imprescindíveis para quem deseja ouvir "sim" com um pouquinho mais de frequência.

SOBRE PAUSAR

Antes de reuniões e encontros importantes, pergunte a si mesmo: "Como está meu estado de espírito neste momento?" Se você não estiver bem, faça uma pausa para deixar seus sentimentos se abrandarem.

Busque maneiras de evitar que as emoções atrapalhem as reuniões de trabalho. Respire um pouco de ar fresco antes de começar. Faça uma caminhada de alguns minutos. Tente se afastar de um estado emocional improdutivo.

Quando for pedir alguma coisa a alguém, certifique-se de que é mesmo uma boa hora para essa pessoa – se ela der sinais de raiva, aborrecimento ou preocupação, procure-a em outro momento.

6
CEDER

O primeiro pedido pode influenciar significativamente o sucesso dos demais – então comece com algo grande e depois faça uma concessão

Imagine que você está andando na rua e, de repente, é abordado por um desconhecido que se apresenta como integrante de uma associação local em prol da juventude. Ele lhe pergunta se aceitaria se tornar voluntário e acompanhar um grupo de crianças num passeio ao zoológico naquele fim de semana. Primeiro você pensa nas atividades que planejou, depois faz o que pode para evitar contato visual e recusar o convite educadamente. Talvez passe pela sua cabeça que o pessoal da associação tinha uma tarefa bem difícil pela frente ao tentar convencer as pessoas. E você estaria certo. Essa situação fez parte de uma pesquisa real. Os resultados mostraram que uma porcentagem ínfima das pessoas abordadas aceitava participar.

No entanto, do outro lado da rua, um segundo grupo também abordava os passantes. Eles descobriram um jeito de triplicar o número de voluntários. A estratégia deles não foi oferecer um pagamento ou selecionar um perfil específico de pedestre. Foi necessária apenas uma noção básica da psicologia humana para entender como fazemos concessões.

Primeiro eles perguntavam: "Você gostaria de se tornar monitor para jovens?" Em seguida, explicavam que esse trabalho consistiria em dedicar duas horas por fim de semana em um programa de três anos de duração. Imagine só a reação das pessoas ao ouvirem essa proposta! Havia muitas negativas firmes e algumas bastante veementes.

Sem se abalarem com a rejeição inicial, porém, os representantes da associação faziam uma concessão na mesma hora: "Sei que é um compromisso grande aceitar ser voluntário de um programa de três anos. Então que tal apenas levar um grupinho de crianças ao zoológico neste fim de semana?"

Sabe qual foi o resultado? O número de pessoas que disse "sim" triplicou.

O que esse estudo e outros semelhantes concluíram foi que as pessoas tendem a concordar com um pedido mais simples logo após terem negado um mais complicado. Uma razão para esse fenômeno é que, em geral, elas acham que fazer uma concessão ou ceder funciona como uma espécie de presente. No Capítulo 1, "Doar", exploramos a ideia de que os indivíduos – seguindo a norma da reciprocidade – sentem ter a obrigação social de retribuir aquilo que recebem dos outros. Tudo indica que esse tipo de reação não se aplica somente a presentes, favores e amostras grátis. Ceder e fazer concessões também está nesse pacote.

Essa estratégia – chamada pelos psicólogos sociais de técnica da *rejeição seguida de recuo* – se mostra mais eficaz quando o primeiro pedido não chega ao extremo de parecer implausível. Quando o pedido inicial é exagerado para que o seguinte soe mais aceitável, é provável que esse truque óbvio seja desmascarado e rejeitado. A propósito, um erro muito comum é tentar persuadir os outros sem pedir o que de fato se deseja. A pessoa expressa uma versão reduzida do que seria a situação ideal, provavelmente para evitar uma recusa logo de cara. Com isso, reduz seu poder de persuasão de duas maneiras.

Em primeiro lugar, talvez o primeiro pedido fosse aceito. Não é sempre que isso acontece, mas com certeza ocorre em algumas situações. E, definitivamente, a chance de aceitação é maior em relação a um segundo pedido que nem sequer aconteceu. Em segundo lugar, de acordo com a técnica da *rejeição seguida de recuo*, o pedido que for feito imediatamente em seguida tem mais chance de ser aceito, desde que apresente uma concessão. Sendo assim, se você começar com pouco, pode terminar com pouco. Ou com menos ainda.

Repare na palavra *imediatamente*. Pode parecer óbvio, mas é um ponto fácil de esquecer. Quando nossa solicitação inicial é recusada, geralmente nos retiramos para lamber as feridas e então começamos a pensar em alguma alternativa para apresentar outro dia. Quando fazemos isso, desperdiçamos o melhor momento do nosso poder de persuasão. Os pedidos que vemos como subsequentes tendem a ser compreendidos como pedidos totalmente à parte pelos nossos interlocutores. É improvável que a proposta de levar as crianças ao zoológico seja bem-sucedida se chegar dois dias depois de aqueles transeuntes terem rejeitado o compromisso maior, de três anos de duração. Quem for abordado dessa maneira provavelmente só vai achar que está sendo importunado.

SOBRE CEDER

Pergunte a si mesmo: "Qual é minha meta ideal? Estou disposto a ceder até que ponto?" Planeje-se e saiba antecipadamente o que você quer e quais concessões faria.

Sua meta ideal sempre deve ser sua primeira proposta.

Resista à tentação de diminuir seu primeiro pedido por medo de ser rejeitado. A palavra "não" é sua amiga em situações como essa. Seja corajoso e faça um segundo pedido.

7
SABER

Demonstrar conhecimento e experiência antes de começar a falar vai garantir que as pessoas escutem você

Um recurso fundamental para ser persuasivo é ter conhecimento ou domínio do assunto. Ainda que não seja o mais experiente de um grupo, você pode influenciar o debate ao provar que tem expertise e informações precisas e que fez seu dever de casa.

Talvez você seja claramente a pessoa mais qualificada e com mais conhecimento do assunto, mas não fale muito por medo de ser rotulado de sabe-tudo. Por causa disso, nas reuniões de trabalho talvez seus colegas não deem o devido valor a suas boas ideias e sugestões, levando a proposta mais fraca de outra pessoa a sair vencedora.

Hermione Granger sabe muito bem o que é passar por situações como essa. Quando estudava em Hogwarts, muitas vezes ela era importunada pelos colegas de turma por ter acertado a resposta. Durante uma aula de Defesa contra as Artes das Trevas, o professor a constrangeu e chateou ao fazer um comentário desagradável:

– Srta. Granger, tem orgulho de ser uma intragável sabe-tudo?

Caso se encontre numa situação semelhante, quando *de fato* sabe mais e deseja compartilhar seu conhecimento para o benefício de todos, mas, ao mesmo tempo, não quer ser rejeitado por ser considerado exibido, o que você deveria fazer? Temos uma ótima resposta.

Por mais que tentassem convencer os pacientes de que precisavam se exercitar mais para melhorar a saúde, as enfermeiras de um hospital perceberam que apenas uma minoria seguia as orientações delas. Mas a história mudava quando o conselho era dado por seus colegas médicos. Por que será que eles conseguiam fazer os pacientes escutarem? Será que o título fazia diferença? Para descobrir, as enfermeiras realizaram algo engenhoso. Decidiram pendurar na parede de seus consultórios todos os diplomas, certificados e prêmios que tinham obtido. E por acaso os pacientes acharam que elas eram um bando de exibidas? Muito pelo contrário. A reação deles foi se exercitar mais. Para sermos exatos, o aumento foi de 30%.

Ao mostrar as próprias qualificações, elas passaram a ser vistas pelos pacientes como o que realmente eram: especialistas com sólida credibilidade e vasto conhecimento. Assim, o resultado foi uma aceitação maior das recomendações delas. Mas por quê? As pessoas buscam especialistas que as orientem, por isso sinais sutis no ambiente, como diplomas na parede, as ajudam a identificá-los.

Portanto, a resposta é ser *sutil*. Se as enfermeiras tivessem se gabado de suas qualificações com os pacientes para exibir quanto sabiam, seriam vistas como profissionais mais motivadas pelo ego do que pela competência. Deixar à mostra as qualificações obtidas foi o bastante para comunicarem o valor contido em seus conselhos.

Você também pode se valer dessa estratégia. Encontrar maneiras de apresentar sua competência de antemão pode fazer o público reagir de modo diferente às suas ideias e opiniões. Então não deixe de colocar suas qualificações e seu cargo na assinatura do e-mail. Inclua seu grau de formação em cartões de visita e informe se for filiado a alguma associação profissional. Atualize seu perfil no LinkedIn com estudos de caso e exemplos dos últimos projetos em que esteve envolvido. Confira se seu site pessoal tem um link para seu currículo. Você talvez deva considerar enviar um artigo para a revista dos profissionais da sua área ou um texto para um blog que seja lido por quem atua nesse mercado.

Sempre existem situações em que é delicado mostrar o que você sabe: por exemplo, quando está falando para uma plateia ou apresentando uma ideia numa sala cheia de colegas de trabalho. Dificilmente vai funcionar pedir ao público que primeiro ouça sua ladainha completa de autopromoção, por mais impressionante que seja. Você pode até conseguir comunicar seu nível de expertise, mas é possível que seja visto como prepotente. Já que isso está fora de cogitação, o que fazer para demonstrar sua credibilidade e seu conhecimento na área?

Uma opção é pedir que alguém o apresente. Essa técnica vem sendo adotada há muitos anos por palestrantes e artistas nas situações em que o orador costuma ser apresentado antes de subir ao palco. Não precisa ser nada extenso, bastam umas poucas linhas (que você mesmo pode escrever). Isso é muito útil para criar um contexto e deixar a plateia receptiva à mensagem importante que virá em seguida. Assim, você também evita o estrago de uma sessão descarada de autoelogios.

Quando fizer uma apresentação junto com um parceiro de negócios, o ideal é que seu colega apresente você e que você retribua o favor. Ao enviar um e-mail se apresentando, inclua depoimentos de clientes que já aprovaram seu trabalho.

Uma imobiliária treinou os atendentes para informarem aos clientes a experiência dos funcionários. "Vou passar a ligação para a Sandra, do setor de vendas" virou "Agora vou passar a senhora para Sandra, chefe do nosso setor de vendas, que tem mais de 15 anos de experiência no mercado de imóveis". O número de agendamentos e de contratos assinados disparou.

Nem sempre é necessário estar no banco do motorista para conduzir o veículo. Apresentar-se como *conhecedor* do assunto, certificando-se de que a sua experiência na área seja divulgada antes mesmo de você começar a falar, pode persuadir as pessoas a prestarem mais atenção.

SOBRE SABER

Sempre que possível, combine com outra pessoa que ela apresente você.

Se não tiver como, envie um perfil ou um resumo profissional antes de qualquer evento de trabalho com pessoas que não conhecem você.

Informe suas qualificações e sua experiência bem no topo do currículo. Nunca as esconda no final.

8
ADMITIR

*Ser honesto sobre os pontos
fracos das suas ideias torna você
mais autêntico e persuasivo*

Segundo a filosofia japonesa antiga do *wabi-sabi*, ser belo é ter falhas. A estética do *wabi-sabi* busca destacar e apreciar a beleza na imperfeição, na impermanência e na incompletude do mundo.

Qualquer pessoa que já tenha cultivado vegetais para consumo próprio, construído um móvel do zero ou simplesmente assado biscoitos vai confirmar que existe beleza na imperfeição. A cenoura feiosa cultivada no jardim de casa. A cadeira que pende para um lado. Os cookies que saem cada um de um tamanho e formato. Como temos o costume de atribuir um valor desproporcionalmente alto às coisas que nós mesmos criamos, estamos mais abertos a aceitá-las como são – com todos os defeitos que têm.

No entanto, muito raramente essa disposição de aceitar e até encontrar beleza na imperfeição de um objeto é estendida a nossas falhas e nossos pontos fracos.

Um exemplo disso são as entrevistas de emprego. A maioria dos candidatos tenta impressionar o possível empregador contando uma história quase perfeita sobre as próprias habilidades e experiências. O objetivo é se destacar como a pessoa ideal para o cargo. Não há espaço para arestas a serem aparadas.

Mas os recrutadores experientes já sabem disso – justamente por esse motivo, em geral fazem perguntas sobre os pontos fracos dos candidatos. Pela ansiedade de não deixar escapar nenhum grande defeito, as respostas passam por lugares-comuns como admitir ser "perfeccionista" ou "workaholic". Os candidatos acham que não é a hora de se abrir com sinceridade e mostrar suas falhas e seus defeitos.

Será que não?

Pesquisas na área da psicologia sugerem que, em certas circunstâncias, em vez de nos enfraquecer, a disposição de ser honesto sobre as próprias fragilidades pode servir para nos colocar numa posição de poder.

Com base num experimento clássico realizado há cerca de 50 anos, podemos dizer que essa lógica, apesar de contraintuitiva, continua relevante no mundo de hoje, indiscutivelmente mais complexo e imprevisível. No experimento, os participantes ouviam gravações em que duas pessoas respondiam a um questionário de conhecimentos gerais. Uma acertava cerca de nove de dez perguntas. A outra, em torno de cinco. Em seguida, os ouvintes classificavam a competência e a simpatia de ambas. Como era de esperar, a pessoa que acertou mais teve notas mais altas nesses dois quesitos.

Mas é aqui que o estudo começa a ficar interessante: alguns participantes foram informados de que, enquanto respondia às questões, a pessoa que acertou quase tudo derramou café em si mesma. Ao saberem dessa gafe, eles tiveram uma percepção ainda maior da competência e da simpatia dela. Mas, quando ouviram que foi a pessoa com pior desempenho que derramou café, os índices dela despencaram.

Ao que parece, alguém com alto desempenho que admite um erro ganha ainda mais simpatia (vamos falar sobre gostar das pessoas no Capítulo 12). Mas a mesma atitude tem um impacto negativo naqueles com desempenho inferior. Os psicólogos chamam isso de efeito *pratfall* (que significa, literalmente, cair de bunda no chão). Tem a ver com o fato de as pessoas se tornarem mais atraentes depois de admitirem um erro, mas somente se já forem relativamente competentes.

Isso nos leva a crer que a fragilidade traz seus benefícios. Ninguém é perfeito, já sabemos disso. Portanto, admitir seus pontos fracos menos importantes pode aumentar bastante seu impacto e sua influência. Tudo vai depender, é claro, do tipo de fraqueza que você revelar. Derramar café em si mesmo é uma falha comum e sem muita relevância que fará as pessoas lembrarem que você é humano. Mas admitir durante uma entrevista de emprego ter derramado café no seu ex-chefe ou, pior ainda, no servidor da empresa, causando um apagão nos sistemas de TI, provavelmente será considerado um erro bem maior e prejudicial para sua imagem.

Portanto, o conselho aqui é que você se disponha a admitir pequenas falhas quando estiver tentando influenciar pessoas. Assim, passará a mensagem de que comete erros como qualquer um. Ao comentarmos abertamente sobre um ponto fraco nosso logo no início da conversa, levamos o interlocutor a nos enxergar como alguém autêntico, honesto, seguro e digno de confiança. Isso também significa que ele relaxa e se torna mais propenso a nos escutar.

No caso das entrevistas de emprego, uma ótima técnica é admitir uma fraqueza genuína porém de menor importância, que não seja necessariamente prejudicial e possa ser modificada. Também é uma boa ideia ser proativo e mencionar uma questão que você esteja motivado a trabalhar para o seu desenvolvimento pessoal em vez de esperar o entrevistador enunciar a tão temida frase: "Fale um pouco sobre seus pontos fracos."

Como sugere a filosofia do *wabi-sabi*, as fragilidades não são máculas que devemos disfarçar, mas um aspecto de nós mesmos que faz parte da nossa personalidade e talvez sirva para nos humanizar aos olhos dos outros. Pode ser algo tão interessante quanto as marcas nas páginas de um livro usado, as rachaduras numa xícara ou o remendo no cotovelo do seu casaco.

SOBRE ADMITIR

Para aceitar seus pequenos defeitos, você precisa estar consciente deles. Faça uma (pequena) lista com os seus.

Se tiver dificuldade para fazer essa lista, peça ajuda a um amigo ou parceiro que possa identificar características que você tenha deixado passar.

Não tenha medo de admitir erros ou pequenos maus hábitos – mas também não saia por aí confessando todos os seus segredos mais íntimos!

9
PEDIR

*Às vezes, conseguir o que se quer
não tem tanto a ver com persuadir,
mas com simplesmente pedir*

Benjamin Franklin, um dos fundadores dos Estados Unidos, tinha muitos talentos. Ao longo da vida, ele aplicou suas notáveis habilidades em diversas atividades: foi escritor, editor, chefe dos correios, inventor e humorista. Além disso, também atuou como abolicionista, político, estadista e diplomata.

Franklin ainda dominava a arte da persuasão, o que costumava atribuir à sua disposição para pedir ajuda.

Ele gostava de contar como ganhou o apoio de um adversário político ao escrever para o sujeito pedindo emprestado um livro raro e valioso. Franklin relatava que pouco depois o tal cavalheiro, teimoso e hostil na maioria das vezes, procurou-o na Câmara dos Deputados e se dirigiu a ele com elegância e respeito pela primeira vez.

A sabedoria dele foi entender que, em determinadas circunstâncias, pedir ajuda é uma maneira eficaz de construir pontes até as pessoas e de convencê-las, em algum momento, a atravessar para o seu lado.

E se você não for um Benjamin Franklin? O que fazer se você for uma pessoa normal que hesita em pedir ajuda a um colega de trabalho nada amistoso? Ou apenas alguém que faz de tudo para não ter que recorrer à boa vontade de um vizinho rabugento ou de um parente mal-humorado? E quanto a outras situações que envolvam fazer um pedido, como arranjar coragem para falar com uma pessoa interessante que você viu no ônibus e pensou em convidar para um café?

Para muita gente, a perspectiva de pedir alguma coisa é assustadora. Se você é o tipo de pessoa que considera fazer um pedido um negócio arriscado – por conta do medo de ser rejeitado e da possibilidade de passar vergonha –, aqui vai uma razão para ficar tranquilo. Inúmeros estudos científicos já demonstraram os benefícios potencializadores e, muitas vezes, libertadores de pedir algo a alguém.

Os psicólogos Frank Flynn e Vanessa Bohns conduziram uma série de estudos a respeito de vários tipos de pedidos: doações para caridade, o empréstimo de um telefone para um desconhecido e até o preenchimento de um longo questionário. Em todas essas situações, primeiro eles solicitavam aos participantes que calculassem a probabilidade de os pedidos deles serem atendidos.

A maioria das pessoas subestimou o próprio índice de sucesso – foi o dobro do que esperavam.

Uma razão para essa tendência de subestimar a chance de um pedido nosso ser aceito tem a ver com o aspecto em que concentramos nosso foco. Quem faz o pedido costuma se preocupar com os custos econômicos que a outra pessoa teria se aceitasse, como o tempo que ela vai gastar. Já a pessoa a quem o pedido é feito tende a levar mais em conta os custos sociais de dizer "não". Uma simples verdade vem à tona: as pessoas são muito mais propensas a dizer "sim" do que imaginamos.

O que acontece quando não pedimos? Oportunidades de negócios são desperdiçadas. Clientes em potencial deixam de ser contatados. Ou aquela chance de realizar networking é jogada fora.

Além de subestimarem a probabilidade de ter o pedido aceito, muitas pessoas acreditam que pedir ajuda diminui seu poder. Mas, reforçamos, na maior parte das vezes trata-se de um equívoco.

Todos já estivemos com um motorista (provavelmente um homem) que preferiu rodar quilômetros na direção errada a parar para pedir informações sobre o caminho. Talvez pessoas assim acreditem que pedir ajuda é um sinal de fraqueza. Mas esse sentimento temporário de fragilidade (nesse caso, admitir que está perdido) na verdade nos leva a uma posição de muito mais poder. Nesse exemplo, receber ajuda e assistência é crucial para o motorista corrigir o rumo e chegar ao destino.

Então, em vez de ver um pedido de ajuda como algo que nos diminui, é bem mais produtivo considerar que isso nos empodera. Esse pensamento deve servir de alento especialmente para quem está passando por situações difíceis – como dificuldades financeiras, bullying ou assédio – e sente que será julgado se buscar apoio.

Até o estudante que levanta a mão e faz uma pergunta que considera boba aumenta o próprio poder de dois modos. Primeiro, provavelmente vai receber a informação de que precisava para adquirir um aprendizado importante. Segundo, vai ganhar a gratidão dos colegas de turma, muitos dos quais também não tinham entendido a matéria mas não ousaram perguntar. A consequência é que eles vão ficar mais propensos a ter algum sentimento de obrigação e reciprocidade para com o colega de turma.

Se ainda não estiver convencido do tremendo poder que se obtém ao pedir ajuda, então talvez os estudos realizados por Thomas Gilovich e Victoria Husted Medvec, publicados no *Journal of Personality and Social Psychology*, possam fazê-lo mudar de ideia. Gilovich e Medvec descobriram que, para a maioria das pessoas que se arrepende de não ter tomado uma atitude, existe um padrão temporal. Simplificando, qualquer sentimento de constrangimento, vergonha ou dor que ocorra após se pedir ajuda ou ter um pedido negado tende a ser agudo e temporário. É mais como uma picada de abelha, que dói bastante por alguns minutos mas logo passa.

Já o arrependimento por nem sequer perguntar é completamente diferente. Ao contrário da fisgada momentânea, esse sentimento tende a ser mais como uma dor latente que perdura. Como um disco arranhado repetindo na sua cabeça: "Ah, se eu tivesse pedido..."

Como pedir ajuda tem muitas vantagens, talvez tenha chegado sua hora de abordar o colega com cara de poucos amigos ou o vizinho rabugento. Claro, será preciso reunir um pouco de coragem. De qualquer forma, certamente vale a pena tentar.

SOBRE PEDIR

Ao longo de uma semana, faça o registro de quantos "sim" e quantos "não" recebeu para suas solicitações diretas. Em pouco tempo você perceberá o impacto de pedir ajuda.

Lembre-se de que mais vale a dor passageira de um possível constrangimento do que a agonia interminável do "Ah, se eu tivesse pedido...".

※

Da próxima vez que quiser alguma coisa, peça.

10
CONVERSAR

Quando se trata de influenciar com sucesso, socializar é tudo

O ser humano é a mais social das criaturas. Nossa sensação de bem-estar aumenta quando nos sentimos conectados com aqueles ao nosso redor. Por outro lado, ficamos infelizes quando nos percebemos isolados ou excluídos. Considerando os benefícios da conexão com as pessoas, é intrigante o fato de, em ambientes cheios de gente, darmos mais valor ao isolamento.

Pense em conferências, eventos de networking ou mesmo um happy hour num bar ou num lobby de hotel. Você é do tipo que prefere ficar na sua? Ou já sai falando com todo mundo? Ou seja, é alguém que busca se conectar e sempre está atento à possibilidade de conhecer pessoas interessantes – as quais, com sorte, podem se tornar um contato importante no futuro ou até uma boa amizade?

Se você se identifica mais com o segundo tipo de pessoa, parabéns. É provável que sua habilidade de comunicação sirva para aumentar sua capacidade de construir relacionamentos e redes de contato e, consequentemente, ampliar sua influência. Mas também é provável que você faça parte da minoria.

A verdade é que a maioria das pessoas tende a ser reservada. Se você se identifica com isso, então talvez se interesse em conhecer pesquisas que comprovam as vantagens consideráveis de interagir com os outros. Em poucas palavras, se deseja ampliar sua rede de contatos e ter mais oportunidades, o conselho a ser seguido é este: converse muito.

Só que iniciar uma conversa com um total desconhecido é difícil, não é mesmo? Pode até ser arriscado. Com certeza, vai na contramão de várias regras sociais. E existem duas razões para isso.

Na psicologia, o conceito de infra-humanização é um nome comprido para uma ideia simples: as pessoas geralmente acreditam que os outros, por algum motivo, são um pouco menos humanos do que elas. Talvez isso soe tanto preocupante quanto egocêntrico, porém, de certa perspectiva, não deixa de fazer sentido. Sem dúvida, temos mais acesso aos nossos próprios pensamentos, desejos, intenções e comportamentos do que aos de outras pessoas. Assim, quando temos a oportunidade de iniciar uma conversa com um desconhecido, que pode ser mal-educado e imprevisível, normalmente preferimos nos isolar a nos expor. E a maioria de nós não se dá conta de que a outra pessoa provavelmente pensa do mesmo jeito.

É claro que outra possibilidade é mergulhar de cabeça de uma vez e perceber em pouco tempo que o interlocutor é, de fato, bem desagradável. Ou, pior ainda, ele achar isso de nós!

A tecnologia também desempenha um papel relevante nesse contexto. Hoje, com tantas oportunidades de se conectar com as pessoas virtualmente, é fácil desprezar o valor da interação na vida real, justamente a mais básica de todas.

Sejam quais forem as razões da nossa relutância em conversar frente a frente com desconhecidos, algumas pesquisas de cientistas comportamentais já levantaram indícios convincentes das diversas vantagens para quem o faz.

Em um experimento, passageiros foram abordados em estações de trem quando estavam a caminho do trabalho. As estações selecionadas ficavam no começo da linha, o que significa que os vagões partiriam relativamente vazios e que as pessoas estariam mais inclinadas a se sentarem sozinhas (a norma) do que ao lado de desconhecidos. A um grupo de passageiros que concordaram em participar do estudo foi solicitado que iniciassem uma conversa com um estranho durante o trajeto. Eles teriam que descobrir algo interessante sobre a pessoa e contar alguma coisa sobre si mesmos. Já a outro grupo foi solicitado que não conversassem com ninguém durante a viagem e curtissem o momento de solidão. Todos os participantes receberam um questionário para preencher e entregar ao final da viagem.

Nesse experimento, um padrão ficou evidente. As pessoas solicitadas a conversar com um desconhecido relataram uma experiência mais positiva em comparação com as que seguiram a orientação de se isolar. As conversas duraram, em média, 14 minutos e foram classificadas como agradáveis, o que contrariou a previsão inicial dos participantes do que aconteceria se falassem com outro passageiro. Muitos também achavam que a tentativa de iniciar uma conversa no transporte público apresentaria um alto risco de rejeição social. No entanto, conforme o que descobrimos no Capítulo 9, "Pedir", nenhum dos 118 passageiros que conversaram com desconhecidos foi rejeitado.

Talvez você pense que, mais do que uma oportunidade de bater papo, esses deslocamentos no transporte público representam uma boa oportunidade para colocar seus e-mails em dia, ler relatórios ou realizar outras atividades relacionadas ao trabalho. No entanto, os pesquisadores concluíram que tomar a iniciativa de conversar com o passageiro ao lado não prejudicou a produtividade dos participantes de forma alguma.

Essa estratégia vale para muitos outros contextos e pode ser usada em ambientes de networking mais tradicionais, como congressos, reuniões e eventos. É comum nos sentirmos tentados a preencher aqueles momentos em que nada acontece, antes do começo de um evento ou de uma palestra. Mas, da próxima vez que estiver nesse tipo de situação, guarde o celular, o relatório ou o notebook e puxe conversa com a pessoa ao seu lado. É um jeito rápido de aumentar sua rede de contatos, criar mais conexões e, certamente, ampliar seu poder de persuasão. E fique tranquilo, porque, na verdade, as rejeições são bem raras, já que os primeiros minutos de uma conversa são dedicados a conhecer a pessoa e descobrir fatos interessantes sobre ela.

SOBRE CONVERSAR

*Da próxima vez que estiver num transporte
público ou num evento de trabalho,
veja se a pessoa ao seu lado está olhando
o celular ou ocupada com outra coisa.
Se ela estiver livre, tente puxar assunto.*

*Procure treinar diante do espelho
como você se apresentaria a alguém.
Não se esqueça de manter contato visual
e sorrir com naturalidade.*

※

*Quando for jantar com amigos, estimule
o bate-papo sugerindo que todos
coloquem os celulares no centro da mesa.
O primeiro que pegar o celular de volta
terá que pagar a conta!*

11
HUMANIZAR

Quando se trata de persuadir as massas, as histórias superam os fatos e a dimensão humana ganha das estatísticas

A separação de Índia e Paquistão, ocorrida em 1947, dividiu amigos, famílias e comunidades da noite para o dia. Para um menino chamado Baldev, isso significou deixar de soltar pipa com o amigo Yusuf. Ao se mudar para uma cidade longe de Laore, que se tornara território paquistanês, Baldev ficou sem muitas esperanças de reencontrar o amigo.

Passados 66 anos, Baldev está num café na Índia, acompanhado de uma das netas. Eles olham as páginas de um álbum antigo, abarrotado de fotografias desbotadas da infância e da amizade perdida há muito tempo.

Naquele momento, ao fitar o avô, a neta decide que vai encontrar Yusuf. Com tenacidade e persistência, após uma minuciosa investigação na internet, ela consegue descobrir que Yusuf tem um neto. Entra em contato com ele e, juntos, traçam um plano.

Ao ouvir uma batida na porta, Baldev vai atender. Não reconhece de imediato o amigo. "Feliz aniversário, meu velho amigo", o sujeito diz, com uma voz familiar.

Com isso, eles dão um abraço apertado, após seis décadas separados. Os netos os admiram, com lágrimas nos olhos, testemunhando aquele reencontro comovente de dois amigos que foram separados pelas fronteiras mas reunidos pela bondade humana.

Essa narrativa acalentadora aborda um período trágico da história indo-paquistanesa. Mas ela é algo mais: descreve as cenas de um comercial do Google que apresenta sua ferramenta de busca como um mecanismo de descoberta e conexão. Em vez de usar fatos e estatísticas para transmitir essa mensagem, a empresa explorou uma verdade fundamental que cientistas da persuasão e publicitários conhecem há décadas. Para persuadir as massas, histórias superam os fatos e a dimensão humana ganha das estatísticas.

Humanizar os acontecimentos tem um poder de convencimento evidente em muitas áreas além da propaganda. Políticos inteligentes elaboram narrativas para suas campanhas eleitorais. Eles sabem que, para mobilizar os eleitores, é muito mais fácil contar histórias como a de uma mãe solteira ameaçada pela pobreza do que informar todos os detalhes do plano para ampliar os benefícios sociais do governo. Os melhores professores costumam ser reconhecidos primeiro como bons contadores de histórias, depois como bons educadores.

Quem sabe persuadir compreende que encher o público de informações e fatos raramente causa comoção, seja num discurso político ou numa TED Talk. Já histórias sobre pessoas, sim. Humanizar uma mensagem ou proposta muitas vezes significa deixar de lado os dados objetivos. Isso acontece mesmo em ambientes em que, a princípio, as pessoas deveriam estar receptivas a esse tipo de informação.

Veja a medicina, por exemplo, uma área na qual os profissionais costumam se orgulhar de ser bem informados e objetivos. Esses profissionais se dedicam ao nobre objetivo de possibilitar que os pacientes tenham acesso à mesma qualidade de atendimento e tratamento, não importa qual seja a condição financeira, o status ou a classe social de cada um. Mas o trabalho pode tornar as pessoas menos sensíveis – mesmo em se tratando de profissionais da saúde. E se eles fossem lembrados de que os dados que estudam se referem a pessoas de verdade?

Um estudo médico ousado investigou justamente essa questão. Será que os médicos se tornariam mais atenciosos, ou seja, fariam uma análise mais detalhada do quadro, pediriam mais exames e detectariam mais anormalidades caso uma foto do paciente fosse anexada à radiografia ou à tomografia computadorizada? De acordo com os resultados, isso faz diferença, sim. E com uma margem significativa. Mais uma prova de que humanizar a informação resulta em poder de persuasão.

Mas por que uma mensagem humanizada muda nossas atitudes, convicções e reações? Por que é tão comum sermos manipulados por quem tem a habilidade de contar histórias? Psicólogos afirmam que, quando somos expostos a argumentos baseados na lógica e nos fatos, nossa tendência natural é para o ceticismo e a crítica. Mas, no caso da mensagem humanizada, a informação é processada de um modo radicalmente diferente.

Histórias transportam pessoas para outro universo e possibilitam que elas se identifiquem com os personagens da narrativa, ficando, assim, mais receptivas a mensagens subliminares. Aliás, muitas vezes isso pode ser intensificado a ponto de restringir a capacidade do público de identificar imprecisões e equívocos no que está sendo dito. Ao que parece, com nosso envolvimento emocional, podemos nos tornar intelectualmente vulneráveis.

Quando o assunto é persuasão, uma lição fica bem clara. A tentativa de influenciar e persuadir com uma apresentação desapaixonada de dados, custos e benefícios vai na contramão da nossa condição emocional. Então, ao apresentar seu argumento, não fale com frieza, usando apenas termos factuais. Inclua também histórias humanas acalentadoras e palpáveis. Por que o seu chefe deveria se importar com o projeto que você propôs? Como essa iniciativa vai mudar o mundo ou melhorar a vida das pessoas? Como elas vão se sentir quando sua proposta for implementada?

Como podemos ver, persuadir uma pessoa, sua equipe, sua família ou o mundo inteiro passa, antes de tudo, pelo aspecto humano.

SOBRE HUMANIZAR

*Quando tiver clareza do seu objetivo,
busque uma história que dê vida
às suas ideias e as torne desejáveis
para os outros.*

*Pense nos elementos de uma boa história:
encontre personagens com os quais
seu público poderia se identificar e apresente
as motivações e os desejos deles.*

*Sempre que possível, transmita
sua mensagem com toques humanos, como
fotografias de pessoas, e não somente
com gráficos e tabelas.*

12

GOSTAR

*Para ser capaz de convencer as pessoas,
primeiro elas precisam gostar de você*

"Os opostos se atraem", "Toda panela tem sua tampa": sem dúvida, você já ouviu essas frases. Inclusive deve se lembrar rapidamente de um exemplo, quem sabe de vários exemplos em que elas se mostraram verdadeiras. A festa em que conheceu um casal ficou guardada na sua lembrança por conta da grande diferença entre os parceiros. Mesmo assim, é fácil justificar esse relacionamento porque você afirma para si mesmo (e para os outros) que os opostos se atraem. Talvez você tenha conhecido outro casal nessa mesma festa. Um terminava as frases do outro, e um meio que copiava os trejeitos do outro. Quando os vê juntos, você não tem dúvida alguma de que não apenas *estão* juntos, mas também foram *feitos* um para o outro. Panela e tampa combinando direitinho.

Ambas as situações não chegam a surpreender. Conseguimos nos recordar com a mesma facilidade de exemplos de um tipo e do outro, porém são coisas muito diferentes. Um sugere que as pessoas gostam mais de quem é diferente delas. O outro, que as pessoas têm mais sentimentos positivos em relação a quem é parecido com elas. Então qual hipótese é verdadeira?

Para responder a essa questão, vamos voltar ao verão de 1993 para visitar a cidade de Quincy, no estado americano de Illinois, situada às margens do rio Mississippi. A cidadezinha de apenas 40 mil habitantes recebeu um apelido carinhoso: Cidade da Joia. Não por conta de diamantes secretos ou minas de rubi, pois não há nada disso por lá. Foi por causa das terras férteis, que trouxeram prosperidade aos primeiros moradores da região.

No verão de 1993, o rio Mississippi transbordou, causando enorme destruição. Cidades e vilarejos próximos foram severamente afetados. Quincy foi um deles. Em resposta à tragédia, centenas de moradores trabalharam sem parar transportando sacos de areia para construir barreiras contra a inundação.

O clima era de desolação. Os estoques de energia e comida estavam se esgotando. O cansaço e o pessimismo só aumentavam, numa velocidade talvez maior que a das águas. Naquela situação de desespero, qualquer notícia boa trazia conforto, mesmo que só por um breve momento. Uma delas veio graças a uma grande doação feita pela associação de moradores de uma cidade localizada a quilômetros de distância, no estado de Massachusetts.

Por que pessoas a 1.600 quilômetros dali agiriam com tamanha generosidade para ajudar uma cidade que praticamente nenhuma delas conhecia ou da qual nem sequer tinham ouvido falar? E por que fazer a doação somente para Quincy? Muitas outras localidades tinham sido impactadas pela enchente. Por que não foram beneficiadas também pelo altruísmo daqueles habitantes? A resposta é intrigante. Tem a ver com um nome em comum. A cidade de Massachusetts também se chama Quincy. Uma coincidência aparentemente irrelevante foi o bastante para os moradores de Quincy, em Massachusetts, sentirem uma ligação com o povo da cidade homônima no estado de Illinois.

Só que uma semelhança desse tipo é tudo menos irrelevante. Ela é uma característica fundamental para os relacionamentos humanos e, consequentemente, para a persuasão. Damos preferência e nos sentimos mais ligados àqueles com quem compartilhamos semelhanças. É, os opostos às vezes se atraem. Mas isso nem se compara à quantidade de ocasiões em que as panelas preferem a própria tampa! Esse conceito é tão básico que, pasmem, vale até mesmo quando compartilhamos características similares com pessoas consideradas indesejáveis ou mesmo condenáveis.

Grigori Rasputin, o "monge louco da Rússia", é considerado por muitos um crápula que usou a religião e o prestígio para explorar as pessoas. Após lerem um texto sobre ele, os participantes de um estudo tinham que avaliar a simpatia que esse personagem repugnante despertou neles. Como era esperado, a maioria não hesitou em considerá-lo detestável. Mas um grupo foi bem mais favorável a ele. Por quê? Logo no começo, os pesquisadores disseram a esses participantes que eles faziam aniversário no mesmo dia que Rasputin. No contexto das semelhanças compartilhadas, mesmo o mais cruel dos indivíduos parece um pouquinho menos mau. Esses são o poder da semelhança e o impacto que ela provoca em nossa apreciação das pessoas.

E quais são as consequências disso? Décadas de pesquisa concluíram que somos muito mais propensos a dizer "sim" para quem gostamos. E, se gostamos mais de quem tem mais pontos em comum conosco, então as pessoas serão mais suscetíveis às nossas ideias na medida em que mostrarmos a elas o que temos de semelhante.

Psicólogos enviaram questionários para um grupo de desconhecidos. Alguns receberam um bilhete de pessoas de nomes parecidos com os seus, outros de nomes bem diferentes. O grupo dos nomes similares se dispôs quase duas vezes mais a responder às perguntas e remetê-las. Mais tarde, ao serem questionados, nenhum dos participantes mencionou a semelhança dos nomes como uma razão para terem preenchido o formulário. Isso demonstra que nomes parecidos criam uma sugestão ao mesmo tempo poderosa e sutil que influencia as pessoas na hora de decidirem de quem gostam. E a quem ajudam.

Mas não são só os nomes que desencadeiam essa sensação. Interesses, valores e hobbies em comum, até mesmo um gosto parecido: tudo isso pode ser destacado como potenciais semelhanças que, quando genuínas e autênticas, aumentam a probabilidade de duas pessoas se darem bem. É algo que pode vir à tona em entrevistas de emprego, sites de namoro ou eventos sociais. Quanto maior a simpatia gerada, maiores são a conexão e a influência.

Não resta dúvida da lição deste capítulo. Quem sabe persuadir com eficácia, antes de pedir qualquer coisa, reserva tempo para pesquisar e destacar as semelhanças genuínas que compartilha com os outros. Uma ou duas perguntas bem colocadas sobre o histórico da pessoa e os interesses dela, ou mesmo uma rápida pesquisa na internet para levantar os pontos em comum entre você e seu contato, podem representar uma enorme vantagem para suas habilidades de persuasão.

Os opostos se atraem? É claro que de vez em quando isso acontece. Mas, em geral, o "sim" é alcançado mais rapidamente quando se segue o caminho das semelhanças.

SOBRE GOSTAR

※

Muitas vezes, o primeiro passo para convencer uma pessoa a concordar com suas ideias é fazê-la gostar de você. Identifique o que vocês têm em comum para aumentar a chance de isso acontecer.

※

Faça o dever de casa: verifique se vocês têm origens parecidas, ou interesses e experiências em comum.

※

Assegure-se de destacar esses pontos em comum antes de fazer sua apresentação ou seu pedido.

13
ELOGIAR

*Não basta que as pessoas gostem de
você – busque formas sinceras de mostrar
que gosta do seu interlocutor e faça
com que ele se sinta valorizado*

Uma vez, uma amiga passou a maior parte de uma noitada entre amigos reclamando com quem quisesse ouvir sobre um colega de trabalho de quem ela definitivamente não gostava. Adjetivos como irritante, teimoso e pouco prestativo se destacavam. Conforme a noite avançava e o vinho tinto ia sendo consumido, ela começou a usar uma linguagem ainda mais carregada para expressar o desprezo que sentia por aquela pessoa horrível. Palavras que certamente não devem ser ditas publicamente. Qualquer argumento de que o tal colega deveria ter alguma característica agradável só servia para levá-la a mais uma rodada de ódio. Todos concluíram que o sujeito não estaria tão cedo na lista de presentes de Natal da nossa amiga.

Talvez você tenha se identificado com isso. É extremamente provável que em algum momento da vida você encontre uma pessoa com quem tenha que conviver apesar de não ter afinidade com ela, seja um parente do seu cônjuge intrometido e exigente demais ou um colega difícil de lidar.

O que fazer numa situação dessas?

O conselho mais comum seria evitar ou ignorar esse tipo de gente. Mas quase sempre a teoria é mais fácil do que a prática, especialmente se a pessoa em questão for um colega ou um cliente que você não pode deixar de lado. Para nossa sorte, os pesquisadores da persuasão identificaram outra estratégia que pode ser bem mais útil. É uma atitude contraintuitiva ou, quem sabe, até mesmo corajosa. Isso porque requer que você encontre algo agradável justamente nessa pessoa, e depois conte a ela.

Um motivo para essa técnica, embora eficaz, ser de difícil implementação é que costumamos ter dificuldade em elogiar as pessoas pelas quais nutrimos sentimentos negativos. É mais natural encontrar razões que sustentem nosso ponto de vista atual do que buscar as que o contradizem. No entanto, se você já tiver chegado a um ponto em que vale a pena tentar qualquer coisa, então existem dois requisitos para que essa estratégia funcione.

Primeiro, é preciso reconhecer que, apesar de tudo que você pensa ou já ouviu falar sobre essa pessoa, todo mundo tem pelo menos uma qualidade ou característica que compensa um pouco as demais. Por mais que seja difícil imaginar, alguém em algum lugar do mundo gosta dela, a admira e a ama. Segundo, após identificar essa característica positiva, você precisa encontrar uma maneira de mencioná-la à pessoa. É importante observar aqui que você não necessariamente deve buscar um traço agradável na personalidade da pessoa. Um elogio sobre o modo de ela realizar uma tarefa, sobre um caso de sucesso ou mesmo algo admirável que ela faça na vida pessoal já será suficiente. Pode ser surpreendente descobrir que a mesma criatura que age como um imbecil narcisista quando está no escritório vem a ser nas horas vagas um voluntário dedicado numa ONG, um cozinheiro de mão cheia ou um filho carinhoso.

Seria tolice afirmar que a estratégia de tentar encontrar algo agradável numa pessoa da qual você não gosta para depois contar a ela vai transformá-los em melhores amigos. Mas, com certeza, contribui para diminuir a tensão, o que pode ajudar você no processo de persuasão. Isso porque, ao buscarmos características agradáveis nos outros, acabamos descobrindo algo importante: na verdade, eles são de fato agradáveis (pelo menos em alguns contextos). Ora, vimos no Capítulo 12, "Gostar", que as pessoas tendem a dizer "sim" àqueles de quem elas gostam. E tendem ainda mais a dizer "sim" a quem afirma que gosta delas.

Um estudo constatou que os participantes estavam

mais propensos a ajudar um colega se ele fizesse um elogio imediatamente antes de realizar o pedido. Essa tendência ocorreu independentemente de quão querido era o solicitante. O que aumentou o poder de persuasão dele foi a habilidade de enxergar uma qualidade na outra pessoa e comunicá-la por meio de um elogio.

Esse não é um caso isolado. Diversas pesquisas mostraram reiteradamente que dizer às pessoas que você gosta delas e fazer elogios verdadeiros podem ser algo muito eficaz. Garçons recebem gorjetas maiores depois de elogiar os clientes pela escolha do prato. Cabeleireiros também conseguem o mesmo resultado quando dizem que o novo corte de cabelo ficou bem na pessoa. Esse padrão se mantém mesmo quando se sabe que quem fez o elogio tinha um motivo para fazê-lo.

É claro que não estamos defendendo a bajulação falsa ou a subserviência. Quando é feita com autenticidade, a estratégia de "encantar e desarmar" oferece um benefício extra. Focar uma característica admirável de um colega que você considera difícil talvez o faça gostar um pouquinho dele. Nossas ações são a principal fonte dos nossos sentimentos pelos outros. Ao refletirmos sobre os aspectos agradáveis de uma pessoa, nós a ressignificamos de maneira positiva. Além disso, o ato de verbalizar um elogio mesmo para pessoas complicadas pode influenciar positivamente o nosso modo de enxergá-las.

Então esqueça suas tentativas de usar o charme como um instrumento de persuasão universal porque isso não vai funcionar com todo mundo. Em vez disso, procure características genuinamente positivas numa pessoa e encontre um jeito de comentar a respeito durante uma conversa com ela. Mas isso não deve ser novidade para os leitores deste livro. Afinal de contas, trata-se de um grupo de pessoas sensatas, inteligentes e cativantes.

SOBRE ELOGIAR

*Antes de fazer um pedido a alguém,
pense em algo de bom a respeito da pessoa
e a elogie durante a conversa.*

*Os elogios não precisam ser feitos apenas
no momento de um pedido. Cultive uma
relação positiva com as pessoas e adote
o hábito de elogiar. Isso pode aproximá-las
de você de modo que, quando chegar
a hora de lhes pedir um favor, elas estarão
mais propensas a lhe dizer sim.*

14
ROTULAR

*As pessoas se importam com nomes
e rótulos: use-os com sabedoria*

Há muito tempo, numa galáxia muito, muito distante, Luke Skywalker conquistou o respeito máximo: ele persuadiu Darth Vader a se voltar contra o imperador maligno e, com isso, não só salvou a própria vida como também restaurou a paz e a esperança na galáxia. Luke conseguiu esse resultado impressionante ao usar uma estratégia ao mesmo tempo simples e poderosa que vem sendo estudada há anos pelos pesquisadores da persuasão.

Conhecida na psicologia como técnica da rotulagem, essa estratégia envolve rotular a pessoa de alguma forma – com características, atitudes, opiniões ou qualquer outra coisa – que tenha a ver com o pedido que lhe será feito em seguida. Em *O retorno de Jedi*, Luke afirma a Darth Vader: "Sei que ainda há bondade em você. Há bondade em você, eu consigo sentir."

À primeira vista, parece improvável que apenas essas palavras pudessem promover alguma mudança na mente de Darth Vader. Porém, as pesquisas no ramo da psicologia não deixam dúvida: rotular as pessoas promove um efeito poderoso nas ações subsequentes delas.

Vamos tomar como exemplo as eleições americanas. Poucos discordariam de que, em qualquer democracia, exercer o direito ao voto é um dever importante do cidadão. Durante séculos, houve guerras e milhões de mortes na luta pelo direito de todos terem voz na sociedade. Apesar disso, nos Estados Unidos, onde o voto não é obrigatório, milhares de pessoas abrem mão desse direito. Pesquisadores realizaram um experimento bastante interessante para determinar se rotular positivamente os indivíduos que disseram ter intenção de votar os influenciaria de alguma forma a de fato comparecerem às urnas.

Nas eleições de 2008, disputadas por Barack Obama e John McCain, um grande número de eleitores foi questionado sobre a intenção deles de votar a uma semana do pleito. Alguns entrevistados foram informados de que, por conta das respostas que deram, seriam classificados como "cidadãos acima da média com real intenção de participar da votação". A outros foi dito que estavam apenas "na média" em termos de ideologia e comportamento.

Os pesquisadores mensuraram depois o índice de

comparecimento de cada grupo e descobriram que os entrevistados rotulados como "bons cidadãos" não só passaram a se ver mais dessa maneira do que os rotulados como medianos como apresentaram uma probabilidade 15% maior de comparecer às urnas.

Acontece que a estratégia da rotulagem não é eficaz somente na política ou, no caso de Luke Skywalker, na deposição de um imperador. Há muitas maneiras de utilizá-la para seus propósitos de persuasão. Por exemplo, imagine que você trabalha com uma pessoa cujo desempenho está deixando a desejar e, por isso, o projeto no qual estão envolvidos está atrasado. Imagine ainda que outros dois colegas não estão ajudando em nada ao usar justamente o tipo *errado* de rótulo para falar do profissional que está com problemas, com frases como "Ela sempre entrega fora do prazo" ou "Ele é tão instável... nunca dá para confiar que vai entregar o que prometeu". O resultado é que esse integrante da equipe vai deixando rapidamente de acreditar na própria capacidade.

Se você acredita na capacidade dele de realizar o trabalho, uma abordagem produtiva é reafirmar suas qualidades, lembrá-lo de que é um profissional dedicado e perseverante. Você pode até citar exemplos de desafios parecidos em que ele alcançou o resultado desejado. Depois disso, é importante atribuir um rótulo positivo e útil que seja coerente com seu feedback:

"É por isso que eu sei que vamos conseguir reverter a situação e entregar tudo dentro do prazo. Sempre enxerguei você como uma pessoa confiável."

Ou pode ser que seu desafio seja convencer um amigo a acompanhá-lo numa viagem de mochilão ou num festival de música no meio do mato durante o fim de semana. Se esse for o caso, uma boa ideia é lembrá-lo primeiro de quão aventureiro e aberto ele é a novas experiências para só depois fazer esse convite ousado. Às vezes, nem é necessário que você rotule a pessoa com a característica desejável. Basta encorajá-la a se "autorrotular" de um modo que ela mesma confirme os traços positivos que possui.

Quando pesquisadores perguntaram a um grupo "Você se considera uma pessoa aventureira que gosta de experimentar coisas novas?" antes de pedir que experimentassem um novo refrigerante, 76% dos entrevistados concordaram em provar a bebida. É um número impressionante se considerarmos que, quando não foi feita a pergunta para instigar os participantes a se autorrotularem, apenas 33% deles aceitaram a amostra.

Em outra pesquisa, quando o pedido de ajuda para realizar uma tarefa foi feito logo após a pergunta "Você se considera uma pessoa prestativa?", o índice de aceitação passou de 29% para 77%. Para motivar as pessoas, às vezes basta fazer perguntas para direcioná-las a procurar intencionalmente na memória os momentos em que se comportaram de um modo coerente com o pedido que está prestes a ser feito. E isso funciona para moldar o comportamento tanto de adultos quanto de crianças. Por exemplo, uma pesquisa nossa revelou que, quando os professores diziam aos alunos que eles os lembravam de outros que caprichavam na caligrafia, os estudantes passaram mais tempo praticando escrever à mão. Além disso, continuaram treinando mesmo quando não estavam sendo observados.

É claro que a persuasão sempre tem o "lado sombrio da força", aquele em que as estratégias apresentadas neste livro podem ser usadas para o mal em vez de para o bem. Porém, jamais defenderíamos um uso delas que não fosse ético. Assim, quando for rotular as pessoas, fale sempre de características, atitudes, opiniões e ações que reflitam de verdade as capacidades naturais, experiências e a personalidade de quem você deseja convencer ou incentivar.

De todo modo, estamos confiantes em que você nunca iria se rebaixar ou recorrer a artifícios em nome de objetivos vis.

Afinal, sentimos que há muita bondade em você.

SOBRE ROTULAR

※

Adquira o hábito de rotular honestamente as pessoas com características compatíveis com o pedido que você está prestes a fazer.

※

No entanto, tenha cuidado com rótulos negativos. Não se surpreenda se o fato de lamentar o atraso do seu amigo fizer com que ele chegue ainda mais tarde no próximo encontro.

※

Tente se lembrar de uma ocasião em que você foi rotulado de maneira positiva (digamos, como uma pessoa esforçada) e de todos os efeitos benéficos que isso gerou.

15
JUSTIFICAR

*Sempre esclareça as razões
para fazer seu pedido*

Não é nada fácil convencer as crianças a fazerem o dever de casa em vez de verem TV. Também não é moleza persuadir seu parceiro a lavar a louça, pedir ao colega com quem divide a casa que separe o lixo para reciclagem ou implorar a um desconhecido que deixe você passar na frente na fila do aeroporto por estar quase perdendo o voo.

Ao enfrentar desafios como esses, vemos a importância de ter uma razão legítima para solicitar um favor. Mas talvez você se surpreenda ao saber que existe um ponto ainda mais essencial para o sucesso do pedido. Trata-se de uma única palavra que pode aumentar drasticamente as chances de as pessoas responderem "sim".

A palavra é *porque*.

O poder persuasivo do *porque* foi registrado pela primeira vez num estudo clássico da década de 1970, conduzido pela psicóloga Ellen Langer, de Harvard. A pesquisa dela examinou em que circunstâncias as pessoas estariam dispostas a deixar um desconhecido passar na frente delas numa fila.

E qual foi o ambiente escolhido por Langer para realizar a pesquisa? Um escritório movimentado – mais especificamente, ao lado da máquina de xerox.

No primeiro experimento, Langer selecionou uma pessoa que nenhum dos funcionários conhecia e orientou-a a entrar na fila da xerox e perguntar à pessoa à sua frente: "Com licença. Estou com cinco páginas aqui. Posso usar a máquina de xerox?"

Ao ouvir esse pedido um tanto direto, 6 entre 10 pessoas disseram "sim". Se esses 60% de aceitação o surpreendem, relembre um ponto fundamental do Capítulo 9, "Pedir", que é o fato de as pessoas normalmente estarem mais dispostas a aceitar solicitações do que costumamos pensar. Langer percebeu isso e foi além. Quando o desconhecido fez a pergunta seguida de uma explicação – "Com licença. Estou com cinco páginas aqui. Posso usar a máquina de xerox porque estou com muita pressa?" –, o índice de aceitação saltou para 94%. Podemos concluir que um modo de aumentar significativamente a probabilidade de seu pedido ser aceito é explicitar por que precisou fazê-lo.

Mas continue lendo, *porque* temos mais um aspecto a mencionar. É realmente fascinante.

Em experimentos complementares, Langer testou não apenas o impacto de explicar a razão do pedido. Ela também examinou razões específicas e descobriu algo curioso. As pessoas permaneciam dispostas a aceitar o pedido de um desconhecido mesmo quando o motivo era completamente estapafúrdio.

Algumas vezes, a explicação era a seguinte: "Com licença. Estou com cinco páginas aqui. Posso usar a máquina de xerox porque preciso tirar umas cópias?" Se você acha que as pessoas deram uma resposta do tipo "Não me diga! É claro que você precisa tirar cópias. É uma máquina de xerox!", errou feio. Das que ouviram esse pedido, 93% se limitaram a dizer "Tudo bem, vá em frente", mesmo que a razão apresentada não acrescentasse qualquer informação substancial, nada que fosse útil.

Ao que parece, embora seja importante dar às pessoas um motivo para o pedido, mais importante ainda é simplesmente *ter* um motivo. Além disso, existe uma palavra que é melhor do que qualquer outra para indicá-lo: *porque*.

O poder de persuasão da palavra *porque* se dá *porque* normalmente esperamos que boas justificativas venham logo em seguida.

- Posso participar do treinamento com o supervisor? Eu gostaria muito, *porque* isso vai aumentar minhas chances de conseguir uma promoção.

- Por favor, coma frutas e vegetais *porque* faz bem a você.

Os publicitários entendem bem o poder de persuasão da palavra *porque*:

- "*Porque* você vale muito" (L'Oreal).
- "*Porque* se sujar faz bem" (Omo).

Esteja ciente, porém, de que o poder dessa palavra tem limites. Quando Langer aumentou o pedido do desconhecido de 5 para 20 cópias, as pessoas ficaram bem menos dispostas a consentir. A palavra *porque* sozinha é ótima para pedidos pequenos, mas nem tanto no caso de situações mais complexas. À medida que a solicitação fica maior, é necessário dar razões legítimas que possam validá-la. Ou, quem sabe, um incentivo.

Em uma série bem mais recente de estudos, pesquisadores analisaram qual era o efeito de se oferecer um incentivo financeiro, em vez de um motivo, para convencer as pessoas a cederem o lugar delas na fila. Como era de esperar, diante da proposta de receber dinheiro vivo para deixar um desconhecido entrar na fila, a taxa de aceitação subiu conforme o valor oferecido. Até aí, tudo bem. O surpreendente foi que praticamente ninguém aceitou de fato o pagamento. (Os estudantes eram mais propensos a aceitá-lo.)

Suponha que a oferta em dinheiro representava diretamente quanto o solicitante precisava do que pedia. Quanto maior o montante, maior era a necessidade que estava sendo comunicada e maior era a probabilidade de alguém dizer "sim" sem realmente aceitar ser remunerado.

A descoberta feita por Langer há mais de 50 anos continua tão válida e importante quanto na época. Ao persuadir as pessoas a dizerem "sim" para suas solicitações, propostas e ideias, faça questão de justificá-las, mesmo que suponha que as razões já sejam razoavelmente evidentes.

Portanto, a solução para fazer as crianças arrumarem o quarto, os adolescentes terminarem a lição de casa, os colegas reciclarem o lixo e os parceiros lavarem a louça é simples: usar a palavra *porque* e oferecer um motivo.

SOBRE JUSTIFICAR

Antes de pedir algo a alguém, entenda por que está fazendo isso. Então deixe a pessoa ciente dos seus motivos.

Para oferecer uma razão convincente, pergunte-se: "Qual será o benefício caso meu pedido seja atendido?"

Use sempre a palavra "porque" para indicar sua justificativa para a solicitação.

16
COMPROMETER-SE

Para que as pessoas se comprometam com seu pedido, faça com que elaborem metas públicas e quantificáveis

Quando Boris Johnson era prefeito de Londres, disse uma frase que ficou famosa: "Fazer uma promessa é fácil. Cumpri-la é que requer trabalho pesado." Pode ser raro escutar algo assim de um político, mas, do ponto de vista da persuasão, o que ele disse de fato transmite uma verdade dura. É muito comum que a pressa com que as pessoas se comprometem a realizar uma tarefa não seja compatível com sua agilidade em concluí-la. Quando se trata de retribuir o favor, entregar aquele relatório ou instalar as prateleiras, muitas vezes há uma lacuna (em certos casos, um vão imenso) entre a promessa e as ações para de fato cumpri-la.

A razão disso é muito simples. Uma coisa é se comprometer a fazer algo, outra completamente diferente é executar. Pense nas recorrentes listas de ano-novo, em que nos comprometemos a fazer um bocado de coisas. Quase todo mundo começa o ano prometendo "ser mais saudável" e "fazer mais exercícios". É curioso como esquecemos facilmente que as resoluções do ano anterior eram quase as mesmas e que a maioria esteve longe de ser cumprida.

Alguns anos atrás, Steve Martin, um dos autores deste livro, foi entrevistado pela rede BBC para uma matéria intitulada "O dia da morte da dieta". Uma ampla pesquisa no Reino Unido revelou que, no dia 1º de fevereiro, quase 80% das pessoas haviam abandonado as resoluções de ano-novo feitas com muita convicção apenas algumas semanas antes. Isso se explica porque é difícil alterar nossos hábitos de comportamento e é algo que acontece não só quando tentamos persuadir nós mesmos como também quando nosso alvo são os outros.

A boa notícia é que, graças à literatura extensa na área da psicologia social, sabemos que, ao realizar pequenos ajustes no modo de estabelecer um compromisso e monitorá-lo, é possível aumentar consideravelmente a "aderência" à mudança desejada.

O primeiro ponto tem a ver com assumir um compromisso. Quando desejamos persuadir os outros – e nós mesmos também, não podemos esquecer – a cumprir promessas, aquelas que foram feitas voluntariamente têm uma probabilidade bem maior de sobreviver ao tempo. Não adianta forçar alguém a ir contra a própria vontade. O ser humano tem uma preferência nítida pela coerência. Nós nos esforçamos para corresponder às crenças, aos valores e às características que atribuímos a nós mesmos. Sendo assim, considerar esses aspectos na hora de estruturar o compromisso a ser proposto a outra pessoa vai tornar mais fácil que ela o aceite voluntariamente, sem se sentir coagida, como muitas vezes acontece.

Compromissos assumidos por vontade própria são uma maravilha, mas os que duram mais tempo costumam ser aqueles feitos consciente e publicamente. Conseguir que colegas, amigos e parentes assumam esse tipo de compromisso com você reduz a probabilidade de eles mudarem de ideia no futuro.

Por exemplo, pense nos cartões que alguns médicos, dentistas e cabeleireiros entregam para nos lembrar do horário de atendimento agendado. Quem anota o dia e o horário da próxima consulta? Você ou a simpática recepcionista? Num estudo que realizamos com pacientes que haviam passado por cirurgia, mensuramos o impacto de pedir que eles mesmos anotassem as informações sobre a consulta seguinte, no lugar da recepcionista. O número de pessoas que faltaram às consultas foi 18% menor no grupo que tinha registrado os dados no cartão do que naquele que o recebeu preenchido pela funcionária.

Parece que as pessoas tendem mais a cumprir o que elas mesmas registram no papel.

Portanto, anotar em detalhes ações voluntárias e públicas pode fazer diferença quando se trata de transformar um compromisso em ação. Solicitar que os integrantes da sua equipe escrevam os objetivos deles ajuda a reforçar o compromisso de alcançá-los.

Um lembrete gentil para o pessoal da sua casa do que cada um disse sobre manter tudo limpo e arrumado pode ser um caminho mais eficaz para se livrar da bagunça do que ameaças, coerções ou ataques explosivos de frustração. Quando os escoteiros prometem cumprir as regras do grupo, eles recebem uma medalha para lembrá-los do compromisso público que assumiram. Da mesma forma, você pode postar seus objetivos e compromissos no Facebook para receber apoio de amigos e seguidores, o que talvez facilite a escolha entre comer biscoitos e brócolis no dia 2 de fevereiro.

Na hora de definir objetivos, diz a sabedoria que devemos estabelecer uma meta bem específica, na forma de um único número, para concentrar o próprio esforço ou o das outras pessoas. Emagreça 1 quilo por mês. Economize mensalmente 10% do salário para as próximas férias. Leia dois livros por mês. Apresente três ideias até o fim do dia. A princípio, faz todo o sentido. Ter uma única meta desse tipo é algo concreto e nos dá clareza.

No entanto, existem outros fatores quando buscamos atingir um objetivo, e os principais são *desafio* e *viabilidade*. Todo mundo quer se sentir desafiado, para desfrutar daquela ótima sensação de conquista quando o objetivo é alcançado. No entanto, se em vez de desafiadora a meta for inatingível, é mais provável sentir desânimo, e não motivação. Esse é justamente o problema de ter uma meta em torno de um único número. Muitas vezes ela será fácil demais ou desafiadora demais. Mas existe uma alternativa.

A chamada meta *high-low*, que propõe um intervalo numérico, pode ser uma maneira excelente de garantir que qualquer compromisso que você peça às pessoas que assumam tenha a maior chance possível de ser mantido até o fim.

Pesquisadores propuseram dois objetivos específicos a um grupo de apoio para pessoas que querem emagrecer. Alguns participantes tinham que atingir uma meta de um único número: perder 1 quilo por semana. Outros tinham que atingir uma meta dentro de um intervalo: perder de 500 gramas a 1,5 quilo por semana. Algo bem interessante aconteceu. No primeiro caso, cerca de metade das pessoas permaneceu no programa durante 10 semanas. No segundo, a proporção chegou a quase 80%. Talvez ainda mais curioso seja o fato de o objetivo do tipo *high-low* ter um impacto mínimo no desempenho geral. Os dados até apontaram uma vantagem bem pequena desse grupo no mesmo período.

Portanto, estabelecer metas na forma de um intervalo numérico para si mesmo (ou para os outros) não vai fazer você ter um dos piores resultados. Pelo contrário: como elas levam as pessoas a se dedicarem durante mais tempo ao que almejam, é provável que você tenha um desempenho melhor.

SOBRE SE COMPROMETER

Da próxima vez que quiser que uma pessoa se comprometa a fazer algo, dê a ela um objetivo específico.

Fale publicamente sobre os seus compromissos ou sobre os das outras pessoas: conte aos amigos na mesa de bar que um deles lhe prometeu que viajariam juntos nas próximas férias; fale no Facebook sobre seu comprometimento de correr uma maratona; durante uma reunião de trabalho, prometa que sua equipe vai entregar um projeto.

Quando estabelecer metas para si mesmo, tenha em mente um intervalo de resultados que poderiam deixá-lo feliz, sem focar num único número – você verá que vai se empenhar para obter o melhor.

17
IMPLEMENTAR

Para incentivar uma pessoa a cumprir uma promessa, peça a ela que faça um plano concreto especificando onde, quando e como

Muita gente conhece Leonardo da Vinci por sua obra-prima, a *Mona Lisa*. Mas pouquíssimas pessoas sabem que o artista, cientista e inventor renascentista era um procrastinador crônico. Um gênio da magnitude de Da Vinci provavelmente tinha uma quantidade enorme de ideias empolgantes disputando sua atenção. Por conta disso, muitos de seus projetos ficaram inacabados ou foram totalmente abandonados por ele ter desviado o interesse para outro tema que considerava intrigante. Para nossa sorte, mesmo assim várias obras foram concluídas, inclusive o quadro mais famoso do mundo. Ainda que ele tenha levado quase 16 anos para terminá-lo...

Da Vinci certamente não foi o único a deixar os afazeres para outro dia. Muitos logo vão se lembrar daquele colega ou amigo que lhes garantiu que ia fazer alguma coisa mas, na hora da verdade, os deixou na mão.

Na correria da vida moderna, em geral é mais fácil se comprometer a ajudar alguém no futuro do que na hora. Isso acontece porque, ao compararmos com o dia de hoje, é muito natural nos enganarmos achando que teremos mais tempo lá na frente, o que acaba não sendo o caso. Como acontecia com Leonardo da Vinci, sempre surge algum imprevisto. Compromissos previamente firmados são empurrados para o fim de uma lista de afazeres em rápida expansão e muitas das tarefas do tipo "Vou deixar para amanhã" acabam ignoradas ou totalmente esquecidas.

Por isso, intenção e implementação podem ser coisas muito distantes entre si.

Como vimos, compromissos tendem a se tornar realidade quando são assumidos publicamente, de maneira voluntária. É claro que nem sempre é assim – especialmente quando há um intervalo grande entre mencionar a intenção de fazer alguma coisa e passar de fato à ação. Para persuadir com eficácia, é necessário mais um elemento para assegurar que as pessoas se lembrem dos compromissos e os cumpram sem ficarem adiando.

Uma possibilidade é adotar planos de implementação de intenções. Eles funcionam da seguinte maneira: cria-se um plano concreto que especifique onde, quando e como será cumprida uma promessa. Vamos voltar ao exemplo das eleições americanas para explicar melhor.

A maioria das pessoas acredita que, numa democracia, é um dever importante do cidadão participar do processo de escolha dos governantes. Apesar disso, no dia da eleição, não raro surgem outras obrigações que impedem o comparecimento às urnas. O resultado é que, nos Estados Unidos, as eleições costumam ser decididas por menos de 60% dos eleitores aptos a votar. Esses dados corroboram o que uma pesquisa descobriu em entrevistas por telefone. Ao serem consultadas, muitas pessoas responderam que pretendiam comparecer às urnas, mas acabaram não cumprindo com a palavra. Já um grupo específico de eleitores teve um índice bem maior de comprometimento. Por quê? Além de serem indagados sobre a intenção de irem votar ou não, eles também tiveram que responder como iriam chegar à zona eleitoral e em qual horário.

Para aumentar a chance de termos nossas solicitações atendidas, devemos pedir às pessoas que examinem e visualizem passos concretos a serem seguidos em vez de apenas terem em mente uma ideia geral do objetivo. Não dá para garantir que a intenção dos seus filhos de fazer o dever de casa vai se tornar realidade caso você os faça elaborar um plano de implementação. Mas pode ser uma técnica menos desgastante do que o método usual de oferecer recompensas e ameaçar com punições.

Nenhuma conversa sobre implementação estará completa se não voltarmos o foco para um indivíduo que a toda hora temos dificuldade de persuadir: nós mesmos.

Seja qual for seu objetivo – de se exercitar com mais frequência a ser mais produtivo no trabalho, de adotar práticas ambientalmente sustentáveis a diminuir o tempo nas redes sociais –, o Plano de Implementação "Se-Quando-Então" pode ser a solução.

Ele funciona da seguinte forma: você escolhe um sinal ou uma situação que ocorra com regularidade ou num lugar previsível (pode ser um evento) e associa a isso a ação que deseja implementar. Por exemplo, imagine que você queira se convencer a comer de forma mais saudável, mas no trabalho sempre tem almoços com clientes. Nesse caso, o Plano de Implementação "Se-Quando-Então" poderia ser assim: "*Se* eu sair para comer fora, *quando* o garçom perguntar se quero sobremesa, *então* vou pedir chá de hortelã."

Quem estiver pretendendo se dedicar a exercícios regulares pode elaborar o plano deste jeito: "*Se* for segunda, quarta ou sexta, *quando* eu chegar em casa do trabalho, *então* vou sair para correr." Não se trata simplesmente de pensamento positivo. Num estudo, 9 entre 10 pessoas que fizeram um plano de implementação como esse tiveram uma probabilidade maior de se exercitarem com regularidade por um período prolongado. Em comparação, apenas 3 entre 10 pessoas que fizeram um plano mais vago e abrangente obtiveram esse resultado.

Planos de implementação do tipo "Se-Quando-Então" são eficazes porque, após um tempo de esforço consciente, acabam se tornando um hábito. Assim que o planejamento é formulado e uma situação ou um sinal é definido, o plano de ação fica pronto para ser acionado. Se for repetido com a frequência adequada, o comportamento vira parte da rotina.

Talvez o próprio Leonardo da Vinci pudesse ter se beneficiado de uns planos de implementação em sua época: "*Se* eu estiver trabalhando numa pintura, *quando* começar a me distrair com outras ideias, *então* vou voltar a me concentrar no quadro." Só nos resta especular se alguns daqueles projetos inacabados também poderiam ter se tornado obras-primas.

SOBRE IMPLEMENTAR

Ao elaborar uma meta, lembre-se de que talvez não seja suficiente apenas anotá-la numa lista de afazeres.

Após identificar um objetivo, crie um plano de implementação com passos específicos para descrever quando, onde e como você vai cumpri-lo.

Quando tiver que persuadir outras pessoas, incentive-as a também criar um plano de implementação. Se você for gestor de equipes ou coordenador de projetos, revise-o com regularidade.

18

COMPARAR

*Aquilo com que comparamos uma
ideia ou um pedido pode ser tão importante
quanto a ideia ou o pedido em si*

Imagine que você está num ambiente competitivo. Talvez esteja fazendo uma apresentação com a equipe para ganhar um novo cliente. Ou esteja numa lista final de três candidatos, esperando ser promovido ao cargo dos sonhos. A ordem na qual você aparece nesse processo tem alguma influência? Por exemplo, você ser o primeiro a bater o pênalti aumenta sua chance de sucesso? Ou a probabilidade de êxito é maior se for o último?

Vamos usar como exemplo as entrevistas de emprego. Como a maioria dos seus concorrentes, você se preparou bem. Atualizou o currículo, ensaiou e aprimorou as respostas para as perguntas mais prováveis, organizou um portfólio que comprova sua experiência e apresenta as conquistas que fazem de você o melhor candidato para a vaga. Porém, existe um aspecto que você não considerou: a ordem em que os candidatos são entrevistados influencia significativamente o resultado.

Há alguns anos, um colega do meio acadêmico foi chamado para um processo seletivo numa excelente universidade. A banca examinadora avisou que entrevistaria os candidatos ao longo de um dia. Como ele morava em outra cidade, pôde escolher entre algumas opções de horário para conseguir conciliar a agenda. Seria melhor viajar na noite anterior e ser o primeiro entrevistado da manhã seguinte? Ou ficar com o último horário para poder ir e voltar no mesmo dia? Ele decidiu ser o primeiro, possivelmente porque achou que, assim, teria a chance de causar uma primeira impressão duradoura, a qual os próximos candidatos teriam que se esforçar para superar. Infelizmente, esse plano não deu muito certo. Ele não ficou com a vaga.

Talvez ele só estivesse num dia ruim. Ou, quem sabe, o perfil dos demais candidatos fosse mais adequado. De todo modo, a experiência o estimulou a pesquisar a fundo a psicologia das entrevistas de emprego – e o que ele descobriu foi espantoso.

Após analisar uma seleção aleatória de entrevistas conduzidas ao longo de cinco anos numa universidade de renome internacional, ele observou que quase sempre o último candidato a ser entrevistado conseguia o emprego. A princípio, ele achou que isso fosse apenas uma peculiaridade do mundo acadêmico. Resolveu, então, examinar pesquisas feitas em outros ambientes competitivos e encontrou um padrão similar. Os participantes que cantavam na parte final do Festival Eurovision da Canção recebiam notas mais altas dos jurados e tinham uma probabilidade maior de vencer que os primeiros. Isso também acontecia em programas de TV como *American Idol* e *The X Factor*.

Será que em competições em que as pessoas têm o desempenho avaliado, como entrevistas de emprego, apresentações para vender um produto ou concursos de talentos, os juízes não conseguem se lembrar dos primeiros candidatos no processo? Se esse fosse o caso, então o efeito poderia ser eliminado avaliando-se os candidatos após cada performance individual. Mas não é isso que acontece. A causa é outra. Para nossa surpresa, tem muito mais a ver com a ordem em que os candidatos se apresentam, e não tanto com o desempenho deles.

É muito raro uma decisão ser tomada do nada. Inevitavelmente, as escolhas são influenciadas pelo contexto em que são feitas, envolvendo fatores como as alternativas disponíveis, o ambiente físico e o que a pessoa está pensando no momento que antecede a decisão. Por exemplo, imagine-se pedindo uma taça de vinho num restaurante. Se o primeiro item do menu for o vinho da casa por 12 reais, uma taça de 18 reais que aparece mais abaixo na lista vai parecer menos atrativa. No entanto, se uma taça que custa 30 reais estiver no topo da lista, vai parecer muito mais razoável pagar 18. Isso sem alterar em nada o preço dos vinhos, apenas sua ordem de apresentação.

Não se engane: a ordem em que as opções são apresentadas influencia fortemente as comparações que as pessoas fazem e o que elas escolhem em seguida. Agora as entrevistas de emprego podem ser entendidas de uma maneira diferente.

Se você estiver concorrendo com vários candidatos, não cometa o erro de achar que, por ser o primeiro, não será comparado com os demais, porque será. Acontece que provavelmente será comparado com uma pessoa que não existe. Estamos falando da descrição do cargo, os parágrafos que enumeram todos os atributos do candidato ideal. As bancas de seleção geralmente são mais exigentes ao avaliar os primeiros candidatos porque sabem que, se derem notas altas logo no começo, não terão flexibilidade para reconhecer um desempenho melhor adiante. Então, considerando uma competição bem equilibrada, se você estiver concorrendo com três ou mais candidatos pela mesma vaga, nosso conselho é este: seja o último.

Existem algumas maneiras de mudar sutilmente a ordem de apresentação para aumentar seu poder de persuasão. "Sempre tenha algo com que se comparar" é o mantra do influenciador bem-sucedido. É importante considerar o seguinte: na hora de tomar uma decisão, a pessoa que você pretende persuadir vai comparar seu pedido ou proposta com quê? Se você puder acrescentar uma comparação favorável à lista dela, vai aumentar sua chance de sucesso. Pode inclusive tornar você (e seus amigos) mais produtivo. Pesquisadores descobriram que um grupo que recebia 6 tarefas para executar tinha uma probabilidade maior de concluí-las se soubesse desde o começo que outro grupo equivalente havia recebido o total de 10 tarefas.

Isso quer dizer que, seja mencionando uma comparação favorável à sua proposta ou solicitação, seja tirando proveito do contexto existente, vale a pena considerar com que sua proposta vai ser comparada pelo seu público no momento da tomada de decisão.

SOBRE COMPARAR

Se estiver numa situação de competição bem equilibrada com três ou mais candidatos, tente ser o último a se apresentar.

Quando preparar propostas ou solicitações, pense sempre numa comparação que lhe seja favorável.

✳

Antecipe-se a seus interlocutores, imaginando com que ou com quem vão comparar você – e assegure-se de dar a eles uma alternativa mais favorável.

19
SEGUIR

Tire proveito do efeito manada – faça questão de falar sobre as pessoas que você já conseguiu persuadir

Quando foi a última vez que você ficou na dúvida sobre que decisão tomar? Faz parte do nosso cotidiano ter que realizar escolhas sem saber qual é a melhor. Outro aspecto da vida moderna é que, nessas horas, temos uma forte tendência a seguir o que pessoas parecidas conosco já fizeram.

Os aeroportos são um bom cenário para isso. Se você já se viu entrando numa fila sem ter certeza absoluta de que estava no lugar certo, saiba que não é o único. Todos já ouvimos histórias de gente que chega a um lugar pela primeira vez e passa horas esperando pacientemente na fila para descobrir, no balcão, que está no lugar errado e que a fila correta (quase sempre) é a mais curta e que anda mais rápido.

Outro bom exemplo são os restaurantes. Dentre as várias opções disponíveis, você escolhe o lugar que está na moda, cheio de gente, ou o mais tranquilo? Em situações de dúvida como essa, a opção mais popular costuma prevalecer. Se você preferir o restaurante mais calmo, é quase certo que lhe ofereçam uma mesa perto da entrada, para fazer o local *parecer* mais cheio.

No caso de você ter feito uma reserva antecipada, sua escolha foi influenciada pelo fato de o restaurante ter mais resenhas positivas que os demais? O mais provável é que sim. Em situações em que se está em dúvida a respeito do que é melhor fazer ou em que há um risco envolvido, seguir o comportamento dos outros geralmente é um meio confiável de tomar uma decisão rápida e eficiente. Os psicólogos chamam isso de "prova social" – em outras palavras, costumamos seguir as ações das pessoas à nossa volta.

O poder persuasivo desse comportamento de manada é bem documentado. Um estudo clássico examinou o efeito da prova social na conformidade do indivíduo. Um grupo de pessoas foi indagado sobre qual linha era a mais longa: A, B ou C. A resposta certa era bem evidente, a C. Com exceção de uma pessoa, todas as demais faziam parte da equipe do experimento. Ao serem solicitadas a responder, elas diziam B para errar de propósito. O verdadeiro experimento era verificar o que responderia a última pessoa. Por mais que fosse óbvio que a resposta certa era a linha C, a maioria dos que não sabiam da resposta combinada respondeu B, para ficar dentro do padrão do grupo.

Então por que quase todo mundo sucumbe à pressão do grupo em algum momento? Uma razão é que, quando muitas pessoas já estão fazendo alguma coisa, isso provavelmente é um sinal de que essa é a atitude certa. Se centenas de moradores correm de um prédio gritando "Fogo!", é melhor segui-los. Do mesmo modo, se todos os nossos amigos estão falando sobre uma estreia no cinema ou postando nas redes sociais resenhas de um livro que adoraram, isso deve significar que você também vai gostar do filme ou do livro. Seguir os outros também nos ajuda a preencher duas necessidades básicas do ser humano: conectar-se com as pessoas e obter a aprovação delas.

Por isso, quando for persuadir uma pessoa, sugerimos que você dê destaque ao fato de muitos outros já estarem fazendo o que você gostaria que ela fizesse.

Em casa, em vez de usar a lógica para convencer seus filhos a comerem as verduras, por exemplo, argumente que os amigos deles fazem isso. No trabalho, divulgue quantas pessoas já apoiam uma nova iniciativa para conseguir que a ideia pegue de vez. Quando estiver tentando convencer os amigos a escolherem determinado resort de férias, fale sobre os comentários positivos já publicados pelos hóspedes na internet em vez de confiar apenas nos seus poderes de persuasão.

É importante lembrar que o tipo de prova social mais eficaz é o que vem de uma fonte que tenha uma forte semelhança com quem você quer persuadir. Voltando ao exemplo do resort, se as resenhas positivas na internet vierem de pessoas com um perfil diferente (em termos de idade, gênero ou interesses) do seu grupo de amigos, essa tentativa será bem menos convincente.

Entenda ainda que enfatizar a natureza enraizada de algo indesejado pode, na verdade, gerar mais do mesmo comportamento. O cônjuge que ouve regularmente a frase "Você sempre se esquece de pôr o lixo para fora" não deve mudar o comportamento tão cedo. Da mesma forma, se todos na empresa dizem "As reuniões aqui nunca começam na hora", as chances de uma melhoria súbita são bem pequenas. Assim, você deve indicar para as pessoas a ação que gostaria de ver e ressaltar que já é algo praticado por gente parecida com elas.

Procure observar como o comportamento da maioria pode influenciá-lo e até fazê-lo perder oportunidades. Imagine que você tenha terminado de jantar com os amigos e que chegou a hora de pensar na sobremesa. Como parece que a conversa ainda vai render, você resolve se permitir uma extravagância, mas está em dúvida entre a torta de limão e o crème brûlée. Então espera que alguém peça primeiro para pegar uma dica de qual é a melhor pedida. Mas a primeira pessoa recusa a sobremesa, alegando estar satisfeita. Outra faz o mesmo. Em pouco tempo, todo o resto da mesa segue o exemplo. Embora não tenha nada que o impeça de fazer seu pedido – você ainda quer a sobremesa –, a norma estabelecida pelo grupo faria você se destacar caso seguisse seu desejo. Com relutância, você também acaba recusando o doce.

Não estamos sugerindo que as pessoas agem sempre como "macacos de imitação", mas vale a pena lembrar que o comportamento e as decisões daqueles que nos cercam exercem uma forte influência sobre nós. Não há problema algum quando isso nos ajuda a evitar um perigo, escolher o melhor destino de férias ou o melhor filme para assistir. Mas fique atento se estiver atrapalhando sua vida – mexer com a sobremesa de alguém pode ser imperdoável.

SOBRE SEGUIR

Mostre a quem você quer influenciar como outras pessoas já agiram numa situação parecida.

Seguimos quem mais se parece conosco. Então, em vez de compartilhar as avaliações das quais você mais se orgulha, selecione uma que seja de uma pessoa parecida com a que você quer influenciar.

Para estimular as pessoas a seguirem você, destaque seu crescente número de seguidores. Se passou de 200 para 400 seguidores, poste no Twitter a informação de que agora tem o dobro de seguidores; no Instagram, ofereça um incentivo para seus seguidores o ajudarem a atingir determinado número.

20
PERDER

*Como as perdas pesam mais que
os ganhos, enfatize o que seu locutor tem
a perder se não aceitar seu pedido*

Imagine que um dia você ache uma nota de 50 reais no chão a caminho do trabalho. Você ficaria contente? Como a maioria das pessoas, depois de lamentar por um breve momento o azar de quem deixou esse dinheiro cair, é provável que fique satisfeito com a sorte que teve.

Agora imagine a situação inversa. Em vez de encontrar no chão a tão bem-vinda nota de 50, você chega ao trabalho e percebe que perdeu esse dinheiro. Como iria se sentir? Bem chateado, pode apostar. Com certeza ficaria muito mais aborrecido por ter perdido a nota do que feliz por ter encontrado uma do mesmo valor.

O fato de a maioria das pessoas ficar muito mais chateada com a ideia de perder do que feliz com a ideia de ganhar levanta uma questão intrigante. Se você tivesse a sorte de achar 50 reais de manhã apenas para perder o dinheiro um pouco mais tarde, se sentiria pior ainda? É óbvio que não estaria pior em termos econômicos. O ganho e a perda se anulariam. No entanto, no aspecto emocional, é grande a chance de você se sentir pior. E isso por uma razão muito simples, que os psicólogos conhecem bem: nossa mente se fixa muito mais nas perdas que nos ganhos.

Um estudo famoso oferece uma prova contundente disso. Nele, dois grupos de famílias receberam relatórios diferentes sobre uma série de medidas simples a serem tomadas para reduzir a conta de luz. Metade foi informada sobre quanto economizaria se adotasse as recomendações, e a outra metade, sobre quanto continuaria a perder caso não efetuasse as mudanças. Essa pequena alteração na mensagem teve um efeito imediato e impressionante. O número de famílias que seguiu as medidas foi o dobro entre aquelas que souberam quanto iriam perder em vez de quanto iriam ganhar.

As consequências para o processo de persuasão são evidentes. Indicar com honestidade o que as pessoas estão arriscando perder ao não seguirem o nosso conselho é uma estratégia muito eficaz quando queremos incentivá-las a agir e fazê-las dizer "sim".

O fato de a maioria ter aversão à perda é especialmente difícil quando tentamos persuadir alguém a desfazer laços ou mudar hábitos e comportamentos, não apenas por questões financeiras. Abandonar a marca favorita em favor de outra, tentar largar o hábito de fumar ou procurar se alimentar de maneira mais saudável são coisas que envolvem um tipo diferente de custo, em termos de familiaridade, conforto ou, no caso de fumar, da convivência menor com os amigos fumantes. Às vezes pode até envolver uma questão de perda de prestígio. Para alguns, simplesmente não vale a pena arcar com todas essas perdas. Se você estiver enfrentando um problema parecido ou estiver ajudando alguém a encará-lo, o que poderia fazer?

É interessante começar percebendo que, na cabeça das pessoas, a taxa de câmbio entre perdas e ganhos está mais para "dois para um" do que "um para um". Por isso, qualquer mudança sugerida tem pouca probabilidade de ser implementada se só forem oferecidas vantagens modestas em relação ao que já se tem. Portanto, é fundamental comunicar com clareza as vantagens significativas de cada mudança, enfatizando o que se está perdendo ao recusá-las.

Durante o processo de persuasão, outro ponto importante a ser lembrado é o princípio da escassez. Chamar a atenção do seu público para o que há de genuinamente raro e singular no que você está oferecendo pode ser bastante convincente. Seus colegas de trabalho podem ser persuadidos a ajudá-lo num projeto se forem informados a respeito dos benefícios exclusivos – talvez mais ainda se souberem que a equipe corre o risco de perder o bônus de Natal caso não consiga concluí-lo. Da mesma forma, um amigo pode se tornar mais inclinado a jantar hoje com você se souber que é a sua única noite livre até o fim do mês. E, se você ainda disser que tem uma fofoca quente para contar, aí não tem como errar.

SOBRE PERDER

Pense nos benefícios que a pessoa vai ter se disser "sim" para sua proposta. Depois, liste esses benefícios, enfatizando o que ela vai perder se não considerar sua oferta.

Use a competição para aumentar seu poder de persuasão. Se as pessoas souberem que há uma alta demanda pelo seu tempo e seus serviços, esses recursos vão se tornar mais atraentes.

Valorize o seu tempo para que os outros também o façam. Não diga: "Estou livre o dia inteiro. Pode escolher a hora." É melhor dizer: "Podemos marcar no sábado, às 16h ou às 19h."

21
ENCERRAR

*Se quiser causar impacto e fazer com
que as pessoas se lembrem de você,
feche com chave de ouro*

Já percebeu que as estrelas da música pop e outros artistas normalmente apresentam a canção mais famosa ou o número mais aguardado no final do show, e não no começo ou no meio? Existe um motivo para isso. Eles sabem que os fãs vão voltar muito mais felizes para casa dessa maneira. Não nos entenda mal, a primeira impressão faz diferença, é claro. Mas, em geral, o que acontece no final da experiência é bem mais importante e, sem dúvida, mais marcante.

Imagine, por exemplo, que você seja convidado a participar de um experimento sobre a dor. Na primeira parte, pedem a você que coloque a mão num balde de água com gelo por 60 segundos. É uma sensação desconfortável, mas dá para suportar. E agora vem a segunda parte. Você tem que colocar a outra mão na água gelada, de novo por 60 segundos. No entanto, após um minuto se passar como combinado, solicitam que você mantenha a mão no balde por mais 30 segundos. Nesse intervalo, a temperatura da água é aumentada em um grau centígrado. Em seguida, querem saber qual dessas duas experiências você gostaria de repetir. Você prefere aguentar 60 segundos de dor? Ou 60 segundos de dor mais 30 segundos extras de sofrimento, embora um pouco mais brando?

Pois você acredita que a maioria dos participantes preferiu a última opção? Eles realmente escolheram sentir mais dor. Isso parece não fazer sentido algum, até começarmos a considerar que há uma diferença enorme entre nossas experiências reais e nossas memórias delas.

Quando refletimos sobre o que vivemos, é raro nos lembrarmos de todos os detalhes. Acabamos focando momentos específicos. E, na nossa lembrança das experiências, um momento em particular importa mais que todos os outros: o final.

O experimento com a água mostra bem como podemos suportar muito desconforto e, ainda assim, nos lembrar positivamente da experiência desde que tudo acabe bem. O que ele também demonstra é que tendemos a prestar menos atenção na duração de uma experiência desagradável – em algumas ocasiões, até desconsideramos totalmente a duração. Provavelmente é por isso que os participantes do experimento do balde de gelo se dispuseram a aguentar 50% a mais de desconforto. Ao relembrarem o ocorrido, eles desconsideraram o tempo em que sentiram dor e deram destaque ao fato de que a segunda experiência terminou melhor que a primeira.

Os exemplos não se limitam às estrelas do pop com suas músicas ou aos psicólogos com seus baldes de água gelada. É possível encontrá-los em todos os lugares. A apresentação no trabalho que estava indo tão bem até alguém derrubar a garrafa de água no notebook. O encontro que estava dando supercerto, mas que desandou no final da noite após o garçom ter sido grosseiro. A viagem de fim de semana com a pessoa amada que causou dor de cabeça na volta, por conta de atrasos ou cancelamentos de voo. Repare que esses finais infelizes não impactaram a experiência em si. Até o garçom ser rude ou a companhia aérea cancelar o voo, todos estavam se divertindo bastante. O impacto se deu na memória da experiência. Por conta disso, quando queremos engajar as pessoas, é importante efetuar mudanças sutis em como encerramos a experiência.

Se quiser ter memórias extraordinárias das suas próximas férias, em vez de dividir seu orçamento em um monte de viagens curtas e baratas, é bem melhor gastar uma fatia maior dele em uma ou duas experiências incríveis agendadas para as últimas semanas ou os últimos dias de férias. Além disso, se pretende dar de presente a si mesmo um assento mais confortável no avião, que seja na viagem de volta. Assim, você retorna em grande estilo e guarda lembranças mais felizes do que se fizesse o upgrade na ida.

Isso também vale para conversas e interações com as pessoas. A maneira como esses encontros terminam pode ter uma influência significativa em quanto as pessoas se sentem felizes a seu respeito. Então, se precisar ter uma conversa difícil com um amigo ou familiar, puxe o assunto pesado logo no começo e pense em um tema mais leve para conversar depois ou até uma atividade agradável para fazer com a pessoa.

Não é que a sua tia estava certa quando aconselhou você a nunca dormir brigado com seu amor?

SOBRE ENCERRAR

Tente guardar as boas notícias para o final para causar um impacto maior nas pessoas.

Quando fizer uma apresentação, pergunte a si mesmo: "O que eu mais quero que as pessoas lembrem?" Então, deixe essa informação para o final.

Faça questão de lembrar a si mesmo e sua equipe dos bons momentos. É fácil esquecer ótimas experiências compartilhadas – especialmente se algumas delas não terminaram tão bem.

A CIÊNCIA DA PERSUASÃO

Os leitores interessados em saber mais sobre influência e persuasão podem explorar esta breve lista de livros que recomendamos. Todos eles oferecem uma excelente introdução ao universo mais amplo da persuasão, além de dar sugestões úteis sobre como influenciar e persuadir os outros – e também a si mesmo. (Sim, alguns deles foram escritos por nós.)

ARIELY, Dan. *Previsivelmente irracional.* Rio de Janeiro: Sextante, 2020.

CARNEGIE, Dale. *Como fazer amigos e influenciar pessoas.* Rio de Janeiro: Sextante, 2019.

CIALDINI, Robert B. *As armas da persuasão: como influenciar e não se deixar influenciar.* Rio de Janeiro: Sextante, 2012.

_____. *Pré-suasão: a influência começa antes*

mesmo da primeira palavra. Rio de Janeiro: Sextante, 2017.

GALINSKY, Adam e SCHWEITZER, Maurice. *Friend or Foe*. Nova York: Random House Business, 2016.

GOLDSTEIN, Noah; MARTIN, Steve e CIALDINI, Robert B. *Sim!: 50 segredos da ciência da persuasão*. Rio de Janeiro: Best*Seller*, 2009.

HEATH, Chip e HEATH, Dan. *Ideias que colam: por que algumas ideias pegam e outras não*. Rio de Janeiro: Alta Books, 2018.

Assista ao nosso vídeo "Science of Persuasion" no YouTube, em inglês, em que explicamos os princípios fundamentais da influência e da persuasão. Acesse <bit.ly/3fPFQ8F> ou digite o nome do vídeo na busca do site.

Você também pode visitar nossa página:
influenceatwork.co.uk

CONHEÇA OUTRO LIVRO DE ROBERT B. CIALDINI

As armas da persuasão

O psicólogo Robert B. Cialdini resolveu se dedicar ao estudo da persuasão. Ele queria entender quais são os fatores que levam uma pessoa a dizer "sim" a um pedido.

Reunindo dados das mais recentes pesquisas científicas sobre o assunto, histórias de gente comum e a experiência adquirida ao se infiltrar em organizações que treinam os chamados "profissionais da persuasão", Cialdini criou uma obra acessível, informativa e indispensável a todos aqueles que querem saber como influenciar pessoas e, ao mesmo tempo, se defender dos manipuladores.

Seis princípios psicológicos básicos governam o comportamento humano quando tomamos uma decisão e podem ser usados como verdadeiras armas: reciprocidade; compromisso e coerência; aprovação social; afeição; autoridade; escassez.

Cada princípio é discutido pelo autor em termos de sua função na sociedade e de como um profissional da persuasão pode mobilizar seu poder em pedidos de compras, doações, concessões, votos, permissões, etc. Além disso, aprendemos a usar essas técnicas a nosso favor nas interações diárias de todo tipo, com vizinhos, amigos, colegas, parceiros de negócios ou familiares.

Para saber mais sobre os títulos e autores da Editora Sextante,
visite o nosso site e siga as nossas redes sociais.
Além de informações sobre os próximos lançamentos,
você terá acesso a conteúdos exclusivos
e poderá participar de promoções e sorteios.

sextante.com.br